Die Ritter

erzählt von Georges Duby

*Aus dem Französischen
von Tobias Scheffel*

Carl Hanser Verlag

Die Originalausgabe erschien unter dem Titel
La Chevalerie racontée par Georges Duby
bei der Librairie Académique Perrin, Paris.

Die Schreibweise in diesem Buch entspricht
den Regeln der neuen Rechtschreibung.

1 2 3 4 5   03 02 01 00 99

ISBN 3-446-19750-8
© Librairie Académique Perrin 1998
Alle Rechte der deutschen Ausgabe:
© Carl Hanser Verlag München Wien 1999
Umschlag: Robert Ingpen
Chronologie: Tobias Scheffel, Freiburg
Gestaltung und Herstellung: Meike Harms, München
Druck und Bindung: Georg Appl, Wemding
Printed in Germany

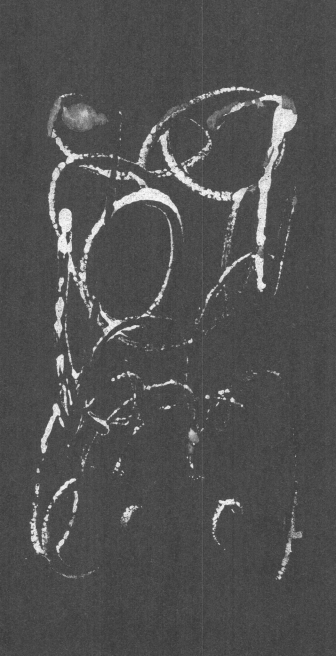

DIE RITTER
erzählt von
Georges Duby

AN DEN LESER

Ich nehme dich mit. Wir begeben uns auf Abenteuerreise. Ein bisschen so wie die Forschungsreisenden, die versuchen, in Neuguinea oder Amazonien unbekannte Volksstämme kennen zu lernen. Auch wir machen uns auf die Suche nach Menschen. In unserem Fall sind es die Ritter. Wir wollen herausfinden, wie sie gelebt haben, was und wie sie gedacht haben – und das ist gar nicht einfach.

Denn dazu müssen wir uns auf einen weiten Weg machen, allerdings nicht in undurchdringliche Wälder wie die Naturforscher, sondern auf den weiten Weg zurück in vergangene Jahrhunderte. Das Rittertum ist vor etwa tausend Jahren entstanden. Etwas später, zwischen 1160 und 1220, während der Regierungszeit des französischen Königs Philipp August, ist es in der Nordhälfte Frankreichs – also des Landes, in dem das Rittertum entstanden ist – bereits voll entwickelt. Zu dieser Zeit erlebt es seine kraftvolle Jugend – und wie jeder Jugendliche ist es noch nicht ganz ausgereift. Genau in diese Zeit und in diese Gegend werden wir uns begeben, um die Ritter zu beobachten und dabei alle Spuren zu sammeln, die sie auf ihrem Weg hinterlassen haben.

Am besten wäre es, einen von ihnen näher kennen zu lernen und ihn zum Sprechen zu bringen. So gehen die Forschungsreisenden vor, wenn sie die Lebensweise eines Stammes kennen lernen möchten: Sie gewinnen das Zutrauen zu einem Angehörigen des Stammes und befragen ihn. Aber natürlich können wir nie einem Ritter begegnen, seine Gäste sein, seine Mahlzeiten mit ihm teilen und ihm Fragen stellen.

Dafür profitieren wir im Vergleich zum Forschungsreisenden aber von einem wesentlichen Vorteil: Im Unterschied zu den »Wilden«, die er untersucht, kannten die Menschen des 12. Jahrhunderts die Schrift. Aus der Zeit sind Schriftstücke erhalten, Pergamente, die in Archiven aufbewahrt werden, Berichte und Geschichten, seien es wahre oder erfundene. Eine dieser Geschichten ermöglicht es uns, einem Ritter ziemlich nahe zu kommen. Dieser Ritter wird unser Hauptzeuge sein.

Arnoul, Graf von Guînes

Unser Ritter hieß Arnoul. Er war der Sohn des Grafen von Guînes und der Herr von Ardres, einer Burg, die im heutigen Departement Pas-de-Calais um die französische Stadt Calais am Ärmelkanal liegt. Lambert, ein Priester, der in der Burg die Messe las, hat zwischen 1194 und 1203 die Großtaten der Vorfahren von Arnoul, seinem Herrn, niedergeschrieben. Im Lauf dieser Erzählung berichtet Lambert auch von den Abenteuern Arnouls, dem er sein Buch schenkte. Arnoul ist der wahre Held der Erzählung Lamberts. Seine Taten und Handlungen erscheinen darin in strahlendem Licht. Ich möchte dich einladen, dir anzusehen, wie dieser Mann gelebt hat.

Allerdings ist die Geschichte, die Lambert aufgeschrieben hat, kurz. Was darin steht, reicht nicht aus. Ich muss mich noch an anderen Orten erkundigen und mein Wissen über Arnoul vervollständigen, indem ich auch noch andere Erzählungen benutze, zum Beispiel die *Geschichte von Guillaume le Maréchal*, die Geschichte eines Mannes, der zu seiner Zeit als der beste aller Ritter gefeiert wurde. Und ich muss meine Kenntnisse auch dadurch ergänzen, dass ich mir Bilder ansehe, die in dieser Zeit gemalt wurden, oder Skulpturen sowie Gegenstände – häufig sehr schlichte und einfache Dinge, Reste von Waffen oder Werkzeugen –, die

An den Leser

Archäologen bei ihren Grabungen zu Tage gefördert haben. Auf diese Weise gelingt es mir, die charakteristischen Züge eines Ritterlebens ein wenig genauer herauszuarbeiten, ohne Hoffnung allerdings, *alles* herauszufinden, was ich gern wissen würde. Ich sage es dir gleich: Der Historiker, der sich mit solchen weit zurückliegenden Epochen beschäftigt, kommt nur zögernd und tastend voran – und eine ganze Reihe unserer Fragen wird für immer unbeantwortet bleiben.

Georges Duby

DIE KINDERJAHRE DES RITTERS

*GEBURT EINES HERRN
Im 12. Jahrhundert gab es nur wenige Menschen, die ihr genaues Geburtsdatum kannten. Die einzigen Bezugspunkte im Leben eines Ritters waren häufig die großen religiösen Ereignisse wie Taufe, Schwertleite oder Hochzeit. Diese Miniatur aus den* Grandes Chroniques de France *(14. Jh.) zeigt zwar eine Geburt, hier handelt es sich jedoch um eine besondere: die Geburt des Königs Ludwig IX., dem späteren heiligen Ludwig, ein Vorbild eines wahren Ritters.*

Geburt

Gleich zu Anfang stoßen wir bereits auf eine Ungewissheit: Ich weiß nicht genau, in welchem Jahr Arnoul geboren wurde – und ich bin nicht sicher, ob Arnoul am Ende seines Lebens selbst in der Lage gewesen wäre, das zu sagen. Zu jener Zeit zählte das Geburtsdatum weniger als heute. In seinem Bericht hat Lambert es nicht erwähnt. Dafür gibt er das Datum eines Ereignisses an, das im Leben eines Ritters sehr viel wichtiger war: die Zeremonie, mit der die »Kinderjahre« des Ritters beendet wurden (mit diesem Begriff bezeichnete man im 13. Jahrhundert die Jahre, in denen der Krieger seine Ausbildung erhielt) und der Lehrjunge in die Gruppe der Erwachsenen, der richtigen Männer, also in die Ritterschaft aufgenommen wurde. Damit trat er in das wirkliche Leben. Der neue Ritter war zu diesem Zeitpunkt in aller Regel etwa zwanzig Jahre alt. Ich stütze mich auf dieses Datum, auf das Jahr 1181, als ihm feierlich die Waffen ausgehändigt wurden, wenn ich sage, dass Arnoul um 1160 geboren wurde.

Die Burg

Sein Geburtsort war die Burg von Ardres (s. S. 19), deren Herr sein Vater war. Ich möchte dir zunächst klarmachen, wie eine Burg in Frankreich zu dieser Zeit aussah. Stell sie dir bloß nicht so vor wie die Schlösser, die man heute noch entlang der Loire besichtigen kann, oder gar wie die beeindruckenden Burgen von Pierrefonds oder Tarascon oder die mit Türmchen übersäten Burgen, die die Maler zweihundertfünfzig Jahre später auf den Miniaturen des *Stundenbuches des Herzogs von Berry* abgebildet haben – und erst recht nicht wie die wunderlichen Konstruktionen, die du vielleicht in Disneyland gesehen hast. Die Burgen dieser Zeit waren sehr einfache Bauwerke aus Lehm und Holz. Im Krieg dienten sie den Rittern als Zufluchtsort, um dem Gegner Widerstand zu leisten. Ihre wesentliche Stärke lag darin, ein Hindernis für die Sturmangriffe der Reiter zu bilden. Häufig hatten sich an dieser Stelle ursprünglich Geländeunebenheiten befunden, die Arme eines Gewäs-

DER WOHNSITZ EINES LEHNSHERRN Diese Burg ist ein sorgfältig auf einem Felssporn rekonstruierter Nachbau, der im Süden Frankreichs für die Dreharbeiten eines Fernsehfilms errichtet wurde, der im 12. Jahrhundert spielt. Deutlich erkennt man den Bergfried und die verschiedenen aus Holz errichteten Teile des Anwesens.

Die Kinderjahre des Ritters

sers, sumpfiges Gelände (wie etwa um die Burg von Ardres herum), ein Steilhang oder ein Felssporn.

Diese natürliche Verteidigung wurde durch Erdaufschüttungen verstärkt. Vor einer Holzpalisade befand sich ein Graben, der auf einer Zugbrücke überquert werden konnte und einen ersten Zufluchtsort umgab, der Hof genannt wurde. Im Innern hatte man einen kleinen Hügel errichtet, den Burghügel oder die »Motte« (die man in Ardres noch heute gut sehen kann), indem ein zweiter, ringförmiger Graben angelegt und die ausgehobene Erde in dessen Mitte aufgeschüttet worden war.

EIN BRENNENDER BERGFRIED
Die Holzkonstruktionen waren anfällig, weil sie leicht in Brand zu stecken waren. Auf diesem sehr lebendigen Bild des berühmten Teppichs von Bayeux (11. Jh.) kann man die Angreifer erkennen (es sind beinahe Riesen), die den Bergfried in Brand setzen, während die winzige Burgdame mit ihrem Sohn zu fliehen versucht.

Der Bergfried

Der Bergfried erhob sich auf dem höchsten Punkt der Motte. Es handelte sich um einen schmalen, eckigen Turm, dessen Innenfläche selten größer als zwanzig Quadratmeter war. Wir brauchen uns also nicht zu wundern, wenn es in einer Chronik heißt, eine Burg sei in wenigen Tagen errichtet worden: Mehrere hundert kräftige Bauern, die mit Schaufeln und Äxten ausgerüstet waren, reichten aus. Eine solche Burg war aber auch sehr anfällig: Wenn sie einmal erobert war, konnte sie sofort niedergebrannt werden. Die Landschaft war voll mit kleinen Hügeln: Überreste jener einfachen Befestigungsanlagen, die vergangene Kriege nicht überstanden hatten. Aus diesem Grund versuchten die reicheren Herren, stabiler zu bauen, und ersetzten das Holz durch Stein. Im Jahr 1160 gab es jedoch noch kaum Steintürme in Nordeuropa.

Die meisten Bergfriede waren dreistöckig:

10

Im Erdgeschoss befand sich ein dunkler Raum, in dem Vorräte gelagert oder Gefangene festgehalten wurden; ganz oben war ein Ausguck und zwischen beiden der Hauptraum, den man über eine tragbare Leiter und eine kleine Tür betrat, die in der Regel die einzige Öffnung darstellte. Dieser Ort war der sicherste der ganzen Burg, und hier verwahrte der Burgherr seinen Schatz. In der Geschichte der Herren von Amboise wird berichtet, dass es eines Nachts Feinden gelungen sei, in einen solchen Turm einzudringen, indem sie im Erdgeschoss mehrere Balken entfernten. Sie durchbrachen die Decke, kletterten in das mittlere Stockwerk und stießen dort zu ihrer Überraschung auf den neugeborenen Sohn und Erben des Burgherrn, der friedlich neben seiner Mutter schlief: Das war der wertvollste Besitz des Burgherrn. Sie raubten aber weder die Burgdame noch den kleinen Jungen, sie wollten nur den Turm in ihren Besitz bringen. Daher nahmen sie das Bett und trugen es mit dem Baby und seiner Mutter bis zur Tür des Gebäudes nebenan, wo der Burgherr in aller Ruhe schlief, denn in Friedenszeiten wurde der Bergfried eigentlich nicht bewohnt. Dazu war er nicht gebaut. Er diente als letzter Rückzugsort; vor allem aber war dieses hoch aufragende Gebäude, das weit ins Land sichtbar war, mit seinem Banner auf der Spitze das Zeichen für die Macht des Burgherrn und für sein Recht, in der gesamten Gegend zu richten und zu strafen.

Der Wohnsitz des Burgherrn

Das Wohngebäude (der so genannte Palas) befand sich mit allen Nebengebäuden (Ställen, Speichern, Werkstätten und Hütten der Diener) im Hof. Es war in der Regel ein ein-

*EMPFANG AUF DER BURG
Die Burgherren versammelten gern andere Ritter um sich, um zu trinken und sich ihre Heldentaten zu erzählen. Bis nach England hin wurde Wein angebaut; die Weine wurden häufig mit Wasser verdünnt, was die Teilnehmer der Gelage nicht davon abhielt, trotzdem zu viel davon zu trinken. (Italienische Miniatur aus der Abhandlung über die Laster, 14. Jh.)*

Die Kinderjahre des Ritters

DIE GEFAHREN DES FEUERS
Die beiden Köche bereiten das Essen für den Lehnsherrn und seine Familie über einer erhöhten Feuerstelle vor. Um jegliche Brandgefahr auszuschließen, befanden sich die Küchen manchmal abseits vom Wohngebäude oder sogar im Freien, im Hof der Burg, wie es offenbar diese Szene aus dem Teppich von Bayeux (11. Jh.) zeigt.

faches Holzgebäude, das nur aus zwei Räumen bestand, die durch eine Zwischenwand, manchmal auch durch einen Vorhang getrennt waren. Auf der einen Seite befand sich der Große Saal, der Empfangsraum, wo der Lehnsherr seines Amtes waltete, seine Freunde bewirtete oder Recht sprach; auf der anderen war die Schlafkammer, der private Bereich. Wegen der Brandgefahr wurde im Allgemeinen abseits des Gebäudes in einer frei stehenden Hütte Feuer gemacht und gekocht. Eine solche Anlage war völlig ausreichend, denn zu dieser Zeit lebten die Menschen den größten Teil des Tages im Freien.

Es gab aber auch weniger schlichte Anwesen. So war es in Ardres, und Arnouls Familie war darauf ziemlich stolz. Etwa sechzig Jahre vor Arnouls Geburt war sein Urgroßvater mütterlicherseits als reicher Mann vom Kreuzzug zurückgekommen, wo er die sehr viel weiter entwickelten Lebensformen des Orients kennen und bewundern gelernt hatte. Und er hatte sich darangemacht, das Wohngebäude zu renovieren, das sein Vater errichtet hatte. Er brauchte einen guten Zimmermann, denn er hatte nicht vor, etwas anderes für den Bau zu verwenden als Holz.

Man empfahl ihm einen gewissen Louis, einen hervorragenden Handwerker. Er verpflichtete ihn. Noch zu Arnouls Lebzeiten rief das Werk von Louis wegen seiner aufwendigen Konstruktion und der großen Anzahl von Räumen in der gesamten Region Bewunderung hervor. Man sprach von seinen Gängen und seinen Treppen wie von einem unentwirrbaren Labyrinth.

Von diesem Gebäude ist heute nichts mehr erhalten. Aber Lambert hat es so detailliert beschrieben, dass ich dich durch die Räume führen kann, in denen Arnoul die ersten Jahre seines Lebens verbrachte. Wenn man das Tor der Umfassungsmauer durchquert und den Hof betreten hatte, kam man an einem Gebäude vorbei, das ganz der Zubereitung der Speisen vorbehalten war: Im Erdgeschoss befanden sich der Hühnerstall und die großen Pökelfässer, in denen die Teile der im Dezember geschlachteten Schweine übers Jahr aufbewahrt wurden; in der Etage darüber brannte das Feuer, über dem das Fleisch gebraten wurde und die Suppen köchelten. Direkt daneben befand sich das Wohngebäude, es überragte den Burghügel – genau wie der Bergfried, der früher hier gestanden hatte und der im Wohngebäude aufgegangen war. Mit einer Leiter gelangte man in die eigentlichen Wohnräume, die über den mit Mehlsäcken, Bierbottichen und Weinfässern angefüllten Vorratsräumen lagen.

Die Wohnräume

Beim Betreten des Gebäudes gelangte man direkt in den Großen Saal, neben dem sich zwei Anrichteräume befanden, einer für das Brot, der andere für die Getränke. In diesem Raum, dem größten der Burg, wurde nämlich bei den Festessen die Tafel aufgestellt, bei der der Lehnsherr den Ehrenplatz einnahm. Eine Tür trennte den Raum von der Schlafkammer, in der Arnoul geboren worden war. In einem Winkel daneben schliefen die Mägde, die ihn aufgezogen hatten; er selbst hatte mit seinen Geschwistern in einem weiteren kleinen Nebenraum geschlafen; eine dritte kleine Kammer, in der

Die Kinderjahre des Ritters

*EIN SCHRANK
Dieser Schrank ist vermutlich der älteste in Frankreich. Er stammt aus dem 12. Jahrhundert und ist aus massiver Eiche gefertigt. Er ist eines der wenigen Möbelstücke aus jener Zeit, die bis zum heutigen Tag erhalten geblieben sind.*

man Feuer machen konnte, diente als eine Art Brutkasten – hier hatten ihn die Ammen während seiner ersten Lebensmonate gehegt. Darüber (genau wie der ehemalige Bergfried verfügte das Haus über drei Etagen) erstreckte sich eine Terrasse, auf der sich die Turmwachen ablösten und auf die Arnouls Eltern hinaufstiegen, um sich zu entspannen und an der frischen Luft zu sein. Auf diese offene Fläche führte die Tür eines Schlafraums: Dort waren Arnouls Schwestern, die inzwischen groß geworden waren, nachts eingeschlossen. Ein Gang führte zur Kapelle, die vollständig mit Malereien ausgeschmückt war: Hier versammelte sich die Familie, um mit dem Priester Lambert zu beten.

Der Lehnsherr

Du musst dir vorstellen, dass innerhalb der Umfassungsmauern der Festung ständig mehrere Dutzend Menschen lebten und etwa die doppelte Anzahl von Pferden im Hof und in den Ställen neben dem schönen Haus wieherte, das Christine, Arnouls Mutter, von ihren Vorfahren geerbt hatte. Nach der Heirat mit Christine war Baudoin, der Vater von Arnoul, dort eingezogen und hatte im Namen seiner Frau von der Anlage Besitz ergriffen. Baudoin selbst war ebenfalls Ritter. Er erinnerte gern daran, dass er die Zeichen der Ritterschaft aus den Händen einer großen Persönlichkeit erhalten habe, nämlich aus den Händen von Thomas Becket, dem Bischof von Canterbury, der die Gegend durchreist hatte. Aber die Tatsache, Besitzer einer Burg zu sein, machte aus ihm mehr als nur einen Ritter. Deshalb wurde er, genau wie der französische König, mit dem Titel »Sire« angesprochen. Dieses Wort ist dasselbe wie das französische Wort »Seigneur« für »Herr«. Baudoin war der Herr über Ardres, der Herr der Lehnsherrschaft, in deren Mittelpunkt die Burg lag. Er war verantwortlich für den öffentlichen Frieden in etwa zwanzig Dörfern und Weilern der Umgebung. Seine Aufgabe war es, die Bewohner gegen mögliche Angreifer zu verteidigen, Streitereien und Schlägereien zu schlichten, indem er die Gegner versöhnte, sowie Mörder, Diebe und Brandstifter zu verfolgen und zu bestrafen.

Eine kleine Gruppe von Reitern half dem Lehnsherrn bei dieser Aufgabe. Sie versammelte sich um ihn, wenn er das Banner in die Hand nahm, das auf seinem Palast wehte, und ins Feld zog oder auch, wenn er im Fall eines unerwarteten Alarms Befehl gab, auf Hörnern den »Burgruf« zu blasen. Einige dieser Berufskrieger wohnten innerhalb der Gräben. Sie gehörten zum Hausverband des Lehnsherrn, zu seiner »mesnie«, wie es im Französischen der damaligen Zeit hieß. Sie aßen mit ihm und schliefen im Großen Saal in seiner Nähe. Sie wichen nicht von seiner Seite. Im Kampf drängten sie sich neben ihm zusammen und bildeten so einen undurchdringlichen Trupp, der »conroi« genannt wurde. Die meisten von ihnen waren nahe Verwandte des Burgherrn, Brüder und Cousins, einige von ihnen Freunde aus der Kindheit, die zur gleichen Zeit wie er zu Rittern geschlagen worden waren; andere waren die Söhne seiner Schwestern oder der Ritter aus der Umgebung, die ihm von ihren Vätern anvertraut worden waren. Die Gewohnheit, ständig zusammenzuleben, und eine enge Kameradschaft verbanden die Männer miteinander und mit ihrem Herrn.

Der Teppich von Bayeux

Dieser gestickte Bericht, ein Vorläufer unserer heutigen Comics, beschreibt in 72 Szenen die Eroberung Englands durch die Normannen: Darauf findet man 626 Personen, 202 Pferde und Maultiere, 55 Hunde, 505 andere Tiere, 37 Gebäude, 41 Schiffe oder Kähne und 49 Bäume. Er besteht aus einem 50 Zentimeter breiten und fast 70 Meter langen Stoffstreifen – Leinenstoff in acht Grundfarben, der mit Wollfäden in vier verschiedenen Farben bestickt wurde. Er ist ein kostbares Zeugnis für das Leben im 11. Jahrhundert und soll der Legende nach von Königin Mathilde, der Frau von Wilhelm dem Eroberer, bestickt worden sein. Vermutlich ist er von Eudes de Contenville, dem Bischof von Bayeux, bei angelsächsischen Stickern in Auftrag gegeben worden. Aufbewahrt und ausgestellt wird der Teppich im »Musée de la Tapisserie de Bayeux« in Bayeux im Departement Calvados in der Normandie.

Die Kinderjahre des Ritters

Die Vasallen

Innerhalb des Herrschaftsgebiets einer Burg besaß eine Gruppe von zwölf bis fünfzehn anderen Rittern jeweils ihr eigenes Haus, in dem sie als Familienoberhäupter lebten. Sie waren an die Festung gebunden. Dort mussten sie abwechselnd Dienst ableisten, also für ein bis zwei Monate die Besatzung der Burg stellen. Sie kämpften unter dem Banner des Herrn, und jeder dieser Ritter erhielt vom Herrn ein so genanntes »Lehen«. Das war ein bestimmtes Stück Land oder auch das Recht, an einem bestimmten Ort eine Steuer zu erheben, das Baudoin ihnen bewilligt hatte, um zu ihrem Unterhalt beizutragen. Aufgrund ihres Lehens hatten alle Krieger des Herrschaftsgebiets ihm ihren Treueid geschworen. Sie waren Ritter wie Baudoin und betrachteten sich als seinesgleichen. Eines Tages jedoch waren sie einer nach dem anderen erschienen, um vor ihm niederzuknien. Zum Zeichen der Unterwerfung hatten sie ihre gefalteten Hände in seine gelegt. Baudoin hatte sie aufstehen lassen, in die Arme genommen, und sie hatten den Freundschaftskuss getauscht. Dann hatte jeder Ritter vor Gott geschworen, seinem Herrn treu zu sein und nichts zu tun, was ihm schaden könnte.

Durch diese Gesten und Worte hatten sie sich als »Vasallen« von Baudoin bekannt, der nun ihr »Lehnsherr« geworden war. Diese beiden Wörter bringen das Abhängigkeitsverhältnis zum Ausdruck, das Ritter und Herrn jetzt verband. So wie Verwandte waren sie sich ihr gesamtes Leben lang ge-

Ein Rittervasall
Nachdem der Vasall sich vor seinem Lehnsherrn niedergekniet hat, schwört er ihm Gehorsam und Treue:

Künftig wird er seinen Herrn beraten und im Kriegsfall in seiner Armee dienen.
(Teppich von Bayeux, 11. Jh., Museum von Bayeux.)

genseitig Hilfe und Rat schuldig. Dabei war der Vasall jedoch dem Burgherrn untergeben, so wie ein Sohn seinem Vater. Er war verpflichtet, Einberufungen seines Lehnsherrn Folge zu leisten, an dessen Seite zu sitzen, wenn er Recht sprach, und sich selbst dessen Urteilen zu unterwerfen. Seine Aufgaben in der Festung, die Verpflichtung, beim »Ruf« zu Hilfe zu eilen und zu bestimmten Zeiten für eine gewisse Zeit die Wache zu übernehmen, waren sein Lehnsdienst. Der Lehnsherr konnte ihm das Lehen entziehen, wenn der Vasall sich untreu zeigte, gegenüber seinem Herrn »Treuebruch« beging und damit seine Pflicht verletzte. Ansonsten behielt er das Lehen bis zu seinem Tod, und sein ältester Sohn hatte es dann seinerseits inne und diente dem Lehnsherrn als guter Ritter.

Die Verwalter

Über alle Bewohner des Herrschaftsgebiets, die nicht Ritter waren, sowie über alle Händler oder Pilger, die das Territorium durchreisten, übte Baudoin von Ardres eine andere, sehr viel gewichtigere Macht aus. Genauer gesagt übte er sie nicht selbst aus, sondern beauftragte mehrere Verwalter damit, sie auszuüben.

Als Arnoul ein kleiner Junge war, gab es zwar schon fast ein Jahrhundert lang keine Sklaven mehr unter den Dorfbewohnern, aber alle wurden ausgebeutet. Wenn einer von ihnen sich ein leichtes Vergehen zu Schulden kommen ließ, etwa einen kleinen Diebstahl, oder wenn man ihn dabei überrascht hatte, wie er im Wald des Lehnsherrn wilderte, wenn er sein Vieh auf die Wiese eines anderen getrieben oder einen Nachbarn niedergeschlagen hatte, dann belegte der Verwalter ihn mit einer Strafe und forderte einige der kleinen Silbermünzen von ihm, die die Bauern auf dem Markt einnahmen und in ihrer Hütte versteckten und die die Reisenden in ihrem Quersack aufbewahrten. Eine oder zwei der Münzen behielt der Verwalter dann für sich. Den Rest übergab er Arnouls Vater.

Die Kinderjahre des Ritters

Bei einem sehr schweren Verbrechen ergriff der Verwalter den Übeltäter, hieb ihm eine Hand ab, stach ihm die Augen aus oder hängte ihn auf, wobei in diesem Fall alles, was man in der Hütte des Täters fand, in den Besitz des Burgherrn fiel. Auf diese brutale Weise verschaffte Baudoin der Bevölkerung der Gegend und den Durchreisenden das höchst wertvolle Gut der Sicherheit.

Die Unfreien

Im Austausch mit dem so geleisteten Dienst trieben die Verwalter eine Steuer von den Reisenden ein, die »Maut«. Sie erlegten den Bauern, den Unfreien, die Pflicht auf, im Burghof beim Unterhalt der Gräben und Palisaden mitzuarbeiten und, mit Schleudern und Knüppeln bewaffnet, zu Fuß den Rittern bei ihren Zügen gegen den Feind zu folgen. Sie achteten darauf, dass die Untertanen zu Weihnachten und Ostern all das in die Festung brachten, was zur Ernährung der Burgbewohner gebraucht wurde, wie etwa Getreide, Schinken und Geflügel. Und wenn die Verwalter erfuhren, dass sich in dieser oder jener Strohhütte ein bisschen Geld angesammelt hatte, dann forderten sie einen Teil davon für den Lehnsherrn. Dieses Geld verwandte Baudoin von Ardres dazu, seine Freunde, die Ritter, besser auszurüsten und ihnen Vergnügungen zu bereiten, damit sie ihm noch gewogener waren und im Kampf tapferer dienten.

FELDARBEIT
Ein Bauer zeigt seinem Sohn, wie man pflügt. Der Pflug hat keine Räder: Es handelt sich um einen Schwingpflug. Er wird von Ochsen gezogen und zieht Furchen. (Miniatur aus den Cantiques de sainte Marie, *13. Jh.)*

Das Feudalwesen

Das Feudalwesen

Das kleine Fürstentum, über das der Burgherr von Ardres regierte, erstreckte sich bis zu den Grenzen der Lehnsherrschaften, deren Mittelpunkte die benachbarten Burgen waren: etwa dreißig Kilometer im Südwesten Boulogne, im Südosten Saint-Omer und etwa zwanzig Kilometer im Nordosten Bourbourg. Neun Kilometer entfernt stand eine ältere und mächtigere Burg, die Burg von Guînes. Guînes war der Sitz eines größeren Fürstentums, einer Grafschaft. Ardres befand sich innerhalb dieser Grafschaft, deshalb war der Herr von Ardres verpflichtet, dem Grafen von Guînes den Treueid zu leisten.

Der Graf von Guînes wiederum war seinerseits in ein noch größeres und mächtigeres Fürstentum eingegliedert: die Grafschaft Flandern. Der Graf von Guînes war also ein Vasall

ARDRES IN FLANDERN

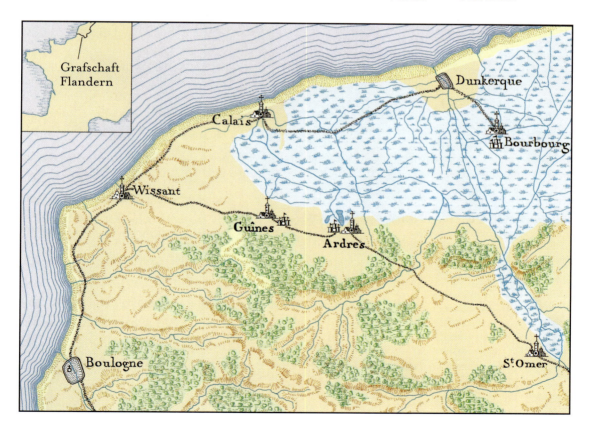

Die Kinderjahre des Ritters

des Grafen von Flandern und musste ihm dienen, sich an seinen Hof begeben, ihn bei seinen Kriegszügen begleiten. Der Graf von Flandern war wiederum Vasall des Königs von Frankreich und diente ihm, wie ihm von den Rittern, seinen Gefolgsleuten, gedient wurde. Auf diese Weise verband die

Die Kette der Treueide
Nachdem der Ritter seinem Herrn (hier einem König) den Treueid geleistet hat, empfängt er von ihm das Schwert, das er im Gegenzug künftig verwenden wird, um seinem Herrn zu dienen. Es ist eine gegenseitige Bindung, sie ist das wesentliche Glied der Kette aus Abhängigkeiten und Verbundenheit, die das Rittertum kennzeichnet. (Lateinische Bibel des 13. Jhs., aufbewahrt in Le Mans.)

Kette der Treueide die Gefährten von Baudoin, die Krieger der Burg von Ardres, mit König Ludwig VII., der ebenfalls Ritter war und 1160 seinen Hof in Paris hatte.

Diese politische Struktur nennt man Feudalwesen. Auf ihm basierte der Frieden im Königreich. In Wirklichkeit funktionierte das System nicht so gut, wie es hätte sollen, da die Kette der Treueide sehr kompliziert war. So legten die Herren von Ardres ihre Hände zum Treueschwur zwar in die des Grafen von Guînes, aber sie legten sie auch direkt in die Hände des Grafen von Flandern und schworen ihm dieselbe Treue. Sie hatten also zwei Herren und konnten einen gegen den andern ausspielen und auf diese Weise ihre Unabhängigkeit verteidigen. Das hatten sie auch lange Zeit getan. Die Vorfahren von

Christine, der Mutter von Arnoul, hatten nicht aufgehört, mit ihren Rittern gegen die Burgherren von Guînes zu kämpfen und ihnen Widerstand zu leisten. Bis zu dem Tag, als der Graf von Guînes es geschafft hatte, dass das kleine Mädchen, die Erbin von Ardres, seinem ältesten Sohn und Erben Baudoin zur Frau versprochen wurde. Auf diese Weise war Baudoin zum Vasallen seines Vaters geworden. Die Heirat hatte alle Probleme gelöst.

Die Familie

Arnoul hatte eine größere Schwester, die ein Jahr älter war als er. Er war der älteste Sohn, deshalb hatte man ihn Arnoul genannt. Schon sein Großvater väterlicherseits, der Graf von Guînes, hatte so geheißen und auch der Erbauer der Burg von Ardres, der Urgroßvater seiner Mutter, und Arnoul sollte beiden nachfolgen. Heute geben Eltern ihren Kindern einen Vornamen, der ihnen gefällt, Peter, Clemens oder Joachim, Julia, Ines oder Alexandra. Aber sie können sich den Familiennamen nicht aussuchen. Im Jahr 1160 war Arnoul jedoch kein Vorname, sondern ein Familienname. Der Name gehörte der Familie, genau wie noch ein paar weitere, die von den Vorfahren des Vaters oder der Mutter getragen worden waren. Unter diesen Namen konnten sie wählen, aber man konnte nicht hingehen und sich einfach einen anderen aussuchen. König Philipp August zum Beispiel hieß Philipp nach seinem Großvater, und sein Sohn hieß Ludwig, ebenfalls nach seinem Großvater.

Die Wahl des Vornamens

Bisweilen jedoch erreichte der Taufpate, der Mann, der das Neugeborene über das Taufbecken gehalten und sich vor Gott dem Kind gegenüber verpflichtet hatte, dass das Kind seinen

Die Kinderjahre des Ritters

Namen erhielt. Damit war es ihm untergeben wie ein Kind seinem Vater. Voraussetzung dafür war, dass es sich um einen mächtigen Taufpaten handelte. Deshalb gab es in Flandern und Umgebung so viele Männer mit Namen Arnoul. Arnoul (wie auch Baudoin) war einer der Namen der Grafen von Flandern, die über Generationen hinweg ihre Macht über die Adligen der Region gestärkt und sich, als deren Söhne getauft werden sollten, als Paten durchgesetzt hatten. Hunderte von Rittern hießen Arnoul. Um sie zu unterscheiden, erhielten sie alle Beinamen. Manche dieser Beinamen spielten etwas später, als es auf das 13. Jahrhundert zuging und sich die Gewohnheit verbreitete, die Kinder unter den Schutz eines Kalenderheiligen zu stellen und ihnen dessen Namen zu geben, allmählich die Rolle unserer heutigen Familiennamen.

Geschwister

Nach Arnoul und seiner Schwester wurden noch fünf Jungen und weitere Mädchen geboren, die ersten in der Schlafkammer der Burg von Ardres, die folgenden auf der Burg von Guînes, in die der Lehnsherr Baudoin 1169 nach dem Tod seines Vaters umzog. Zahlreiche Krankheiten wüteten im 12. Jahrhundert in Europa vor allem unter kleinen Kindern. Wie heute im Sudan oder in Zaire starb in den Hütten der Bauern ein gutes Viertel der Kinder, bevor sie fünf Jahre alt wurden, ein weiteres Viertel, bevor sie ihren fünfzehnten Geburtstag erlebten. Die besser ernährten, besser versorgten und damit widerstandsfähigeren Söhne und Töchter des Burgherrn waren davon weniger stark betroffen. So war es nicht selten, dass man in den Familien der Ritter – so wie in Ardres und Guînes – zehn erwachsene Kinder um ihren Vater versammelt sah. Die Geschwister wuchsen gemeinsam in der Schlafkammer und den benachbarten Räumen auf. Wir wissen nicht genau, mit welchen Spielen sie sich vergnügten, denn die Schriftsteller des 12. Jahrhunderts interessierten sich nur sehr wenig

Geschwister

für kleine Kinder. Es gibt ein paar archäologische Spuren, Überreste von einfachem Spielzeug, Puppen, kleinen Bögen, die man manchmal dort entdeckt, wo sich zu jener Zeit Wohngebäude befanden. Guillaume le Maréchal erinnerte sich daran, als Kind mit einer Wippe gespielt und sich mit einem Spiel beschäftigt zu haben, das – vergleichbar unserem »Mikado« – darin besteht, aus einem Haufen von Holzstäbchen eines herauszuziehen, ohne dass die anderen sich bewegen.
Bilder jüngeren Datums, aus dem 15. und 16. Jahrhundert, lassen vermuten, dass die einfachen Spiele jener Zeit – Ball- oder Kugelspiele – sehr denen ähneln, die die heutigen kleinen Jungen in den Entwicklungsländern spielen. Aus dem Bericht des Priesters Lambert erfahre ich, dass die Kinder der Burg von Ardres in einem Teich am Fuße der Burg plantschten. Das ist alles, was ich dir darüber sagen kann.

KINDERSPIELE
Bis zum Alter von sechs oder sieben Jahren wurden alle Kinder, von denen es in einer Familie häufig sehr viele gab, gleich angezogen, Jungen wie Mädchen. Wir verfügen über recht wenig Hinweise, was sie gespielt haben. Diese Miniatur aus den Cantiques de sainte Marie *(13. Jh.) lässt vermuten, dass es bereits das in Frankreich heute noch bekannte Pelote-Spiel gab.*

Die Kinderjahre des Ritters

DAS VERGNÜGEN
DER JAGD
Wenn der künftige
Ritter ein guter
Reiter geworden
war, konnte er
sich einer der
Hauptzerstreuungen der adligen
Herren jener
Zeit zuwenden:
der Jagd.

Lehrzeit

Wenn die Jungen sechs oder sieben Jahre alt waren, hörte man auf, sie wie Mädchen anzuziehen. Sie wurden von ihren Schwestern getrennt und verließen das Haus. Die Mädchen blieben. Nachts wurden sie ganz oben in der Burg in der Nähe der Wächter sorgfältig bewacht; die Tage verbrachten sie im Obstgarten, dem abgeschlossenen und baumbepflanzten Teil des Hofs, oder in der Kemenate. Die Kemenate war der Aufenthaltsort der Frauen. Dort bildeten sie das Gefolge der »Dame«. So wurde die Gattin des Burgherrn genannt.

Die Erziehung der Mädchen

Die Dame war die Mutter der Familie. Sie brachte die Erben des Lehnsherrn zur Welt. Sie kümmerte sich um sie, solange sie klein waren. Sie stand ihrem Mann zur Seite und beaufsichtigte den inneren Bereich des Hauses, bewachte das Geschmeide, die Kleidung, die Nahrungsvorräte. An ihrem Gürtel hingen die Schlüssel zu den Truhen, und die gesamte weibliche Bevölkerung stand unter ihrer oft gnadenlosen Herrschaft. Sie kommandierte eine ganze Gruppe von Mägden herum, Mädchen, die sie persönlich ganz jung in den Dörfern der Lehnsherrschaft unter den Kindern der Bauern ausgewählt hatte. Sie schlug sie brutal. Es kam vor, dass sie eine ihrer Mägde vor lauter Wut eigenhändig umbrachte (mir ist wichtig, dass du merkst, wie wild und unzivilisiert die Epoche, von der ich dir erzähle, noch war).

MÜTTERLICHE FÜRSORGLICHKEIT
Eingehüllt in den langen Mantel seiner Mutter scheint dieses kleine Mädchen in aller Sicherheit zu spielen. Erst später wird es all die notwendigen Dinge lernen, um seine künftige Rolle als Gattin und Mutter zu erfüllen. (Angelsächsisches Manuskript aus dem 12. Jh., Geschichte des Neuen Testaments und der Heiligen.)

Spinnen und Sticken

Eine der Hauptaufgaben der Frauen bestand darin, Wolle, Leinen und Hanf zu bearbeiten. Die Burg war zugleich auch ein kleiner Spinnerei- und Webereibetrieb, in dem der größte Teil der Stoffe hergestellt wurde, die die Hausgemeinschaft benötigte. Die Dame legte selbst Hand an, um die kostbarsten Stoffe mit Stickereien zu verzieren. Es waren Stoffe in leuchtenden Farben, die man bei den fahrenden Händlern gekauft hatte, um daraus die Kleidung der Herren und ihrer Freunde zu schneidern oder um sie auf den Betten auszubreiten oder an den Wänden aufzuhängen. Die Textilkunst gehörte neben Gesang und Tanz zu den luxuriösen Sitten des Ritterlebens. Aber Stoffe sind empfindlich. Fast nichts ist heute noch von dieser Kunst erhalten. Wir können uns nur deshalb eine Vorstellung von dem Geschick der Stickerinnen machen, weil es einige wenige Stücke gibt, die nicht zerstört sind, wie etwa der lange Stoffstreifen mit Bilddarstellungen, den man als den *Teppich von Bayeux* (s. S. 15) bezeichnet und der um 1080 von Frauen in England gefertigt wurde.

Christine, die Mutter von Arnoul, zeigte ihren Töchtern, wie man mit dem Webstuhl und der Nadel umging, und bereitete sie so darauf vor, später ihr eigenes Haus zu schmücken. Sie zeigte ihnen, wie man singt und tanzt und – mithilfe des Priesters – natürlich auch, wie man ordentlich betet. Vielleicht konnte sie lesen und lehrte auch ihre Töchter das Lesen: Anscheinend gab es am Ende des 12. Jahrhunderts mehr Analphabeten unter den Rittern als unter ihren Frauen. Auf diese Weise wurden die Töchter des Adels erzogen, sie wurden ausgebildet, um verheiratet und ihrerseits zu Damen zu werden.

Die Verlobung

Sehr früh nahm ihr Vater Verhandlungen mit den Familien auf, mit denen er sich durch Heirat verbinden wollte. Er bot

Die Verlobung

eine seiner Töchter an. Es wurde diskutiert. Wenn man schließlich übereingekommen war, wurde der Junge von seinen Eltern auf die Burg geführt. Häufig sah er seine künftige Frau an diesem Tag zum ersten Mal. Dann nahm man das Verlöbnis vor. Das war ein feierlich zwischen den beiden Häusern geschlossener Pakt. Der Vater nahm seine Tochter bei der Hand und legte ihre Hand in die Hand des Jungen. Durch diese Geste waren sie vereint. Aber es bedurfte auch noch der Worte, denn die Priester forderten, dass die beiden Verlobten selbst ihre Einwilligung gaben. Das geschah nicht immer ohne Mühe. Manchmal sträubte sich ein Mädchen, protestierte und sagte, sie liebe einen anderen. Ihr wurde der Mund zugehalten, man herrschte sie an, bis sie sich dem väterlichen Willen unterwarf – kurz, es dauerte eine gewisse Zeit, und so war man gezwungen, die Zeremonie auf einen späteren Zeitpunkt zu verlegen. Manchmal entschieden die Familien auch über das Schicksal eines Kindes, das noch in der Wiege lag und noch gar nicht sprechen konnte. So war es zum Beispiel bei Christine, der Mutter von Arnoul. Am Tag ihres Verlöbnisses hatte sie nichts sagen können. Sie hatte einfach nur gelächelt, und man hatte sich mit dem Lächeln begnügt. Die Hochzeit hatte natürlich erst sehr viel später stattgefunden. Allerdings war man der Ansicht, dass die Mädchen ab einem Alter von zwölf Jahren problemlos verheiratet werden könnten. Die meisten von

DAS EINVERSTÄNDNIS
Um bei der Verlobungszeremonie ihr Einverständnis zu zeigen, geben die künftigen Eheleute sich die Hand, wie man es hier auf einer mehrfarbigen Hochzeitstruhe aus dem 12. Jahrhundert sieht, die im Kirchenschatz der Kathedrale von Vannes aufbewahrt wird.

Die Kinderjahre des Ritters

EINTRITT INS KLOSTER
Die Eltern haben ihren jüngsten Sohn bis zu der Abtei begleitet, die ihrem Wohnsitz am nächsten liegt. Der Sohn wird nicht Ritter, sondern tritt in die Gemeinschaft der Mönche ein. Dort wird er Lesen, Rechnen und Latein lernen, das heißt lernen, ein Geistlicher zu werden. (Miniatur aus den Décrets de Gratien, 13. Jh., aufbewahrt in der Stadtbibliothek von Laon.)

ihnen verließen zu diesem Zeitpunkt die Kemenate, in der sie geboren worden waren. Ein fröhlicher Hochzeitszug führte sie dann zum Haus ihres künftigen Gatten.

Nachdem Baudoin durch den Tod seines Vaters zum Grafen von Guînes geworden war, war er ein mächtiger Herr. Deshalb schaffte er es, alle seine Töchter unter die Haube zu bringen. Das gelang nicht vielen Rittern. Für die Ältesten fanden sie zwar schon einen Mann, die anderen aber wurden sie nicht los. Die Töchter wurden älter. Diejenigen, die es nicht ertrugen, unter der Herrschaft ihrer Schwägerin zu leben, die inzwischen zur Herrin in ihrem Geburtshaus geworden war, gingen für den Rest ihres Lebens ins Kloster. Die Zahl der Frauenklöster in der Region, in denen sie Aufnahme fanden, war seit einem Jahrhundert erheblich gestiegen. Die Urgroßtante von Arnoul hatte ein solches Kloster in der Umgebung von Guînes gegründet. Es bot den Witwen der Ritter aus der Grafschaft und denjenigen ihrer Töchter, die nicht hatten heiraten können, eine Zuflucht.

Ausbildung der Jungen

Die Jungen verließen das Haus sehr viel früher als ihre Schwestern. Sie verließen es schweren Herzens und allein, begleitet höchstens von einem Diener. Sie waren noch Kinder, und der Aufbruch bedeutete für sie eine schmerzhafte Trennung. Ihr ganzes Leben blieb die Verletzung durch diesen brutalen Bruch, durch die Trennung von ihrer Mutter und von den Ammen, die sie gestillt und gehegt hatten, lebendig. Sie bewahrten die Erinnerung an das warme Nest, aus dem man sie gewaltsam herausgerissen hatte. Das Bild von der verlorenen Mutter verfolgte sie. Guillaume le Maréchal hat den traurigen Morgen nie vergessen, an dem er sich auf den Weg machen musste, und sobald er konnte (das war aber erst zwanzig Jahre später), war er zurückgekehrt, um seine Mutter und seine Schwestern in die Arme zu schließen, die Frauen, die ihm immer gefehlt hatten. Von seinem Vater dagegen sprach er nie.

Tatsächlich war die Beziehung zwischen dem noch jungen Vater, der nichts von seiner Macht abgeben wollte, und seinen heranwachsenden Söhnen, die von Unabhängigkeit träumten und Geld forderten, um nach ihren Vorstellungen zu leben, in der Ritterschaft nicht einfach. Ganz sicher ist das auch der Grund, weshalb der Brauch entstand, die Jungen wegzuschicken, damit sie anderswo ihre Erziehung beendeten und ihren Beruf erlernten.

Die Geistlichen

Für manche von ihnen – zum Beispiel Baudoin und Gilles, zwei der Brüder von Arnoul – sollte das Gebet zum Beruf werden. Ihr Vater hatte entschieden, dass sie nicht Ritter, sondern Priester oder Mönche werden sollten. Daher brachen sie von zu Hause auf und begaben sich zu einem ihrer Onkel in der Kathedrale der benachbarten Stadt oder in einer Abtei der Region. Dort wurden sie in die Schule geschickt. Was man im 12. Jahrhundert unter diesem Begriff verstand, hatte wenig mit den Schulen oder Gymnasien von heute zu tun, in denen die Schüler von einer Klasse in die nächste und von einer Schule auf die nächsthöhere wechseln. Die Schulen jener Zeit versammelten Jungen aller Altersstufen

LITTERATUS ET ILLITTERATUS
Neben dem Lesen-, Schreiben- und Rechnenlernen wurde den jungen Männern beigebracht, eine Diskussion zu führen und Predigten abzufassen: Fähigkeiten, die es ihnen erlaubten, Mönch oder Priester zu werden.

Die Kinderjahre des Ritters

über mehrere Jahre hinweg bei einem einzigen Lehrer, der die Aufgabe hatte, sie nach und nach in die Lage zu versetzen, ordentlich die grundlegenden Bücher des Christentums, das heißt die Bibel, die Bibelkommentare und die Texte, die während der Gottesdienste gelesen wurden, lesen und verstehen zu können. All diese Texte waren auf Lateinisch verfasst. Auf das Lesenlernen folgte also der Unterricht in der lateinischen Grammatik und das Lernen des Vokabulars. Der Lehrer wählte eines der genannten Bücher aus, las einen Abschnitt daraus vor, erklärte die Bedeutung der Wörter und Sätze und zeigte an dem Beispiel, wie man eine Rede aufbaut und eine Diskussion führt. Der Unterricht hatte nur ein Ziel: die Vorbereitung darauf, Gott zu dienen, eine Aufgabe, die die Gesellschaft als wesentlich ansah.

Himmel und Hölle

Zu dieser Zeit waren nämlich alle davon überzeugt, dass die Wirklichkeit sich nicht auf das beschränkt, was man sieht, sondern dass es eine andere, übernatürliche Welt, das Jenseits, gibt, wo die Seelen, die durch den Tod vom Leib getrennt wurden, weiterleben, und dass unsichtbare Kräfte aus dem Jenseits beständig auf der Erde wirken. Abgesehen von den Juden, die in den Städten große Gemeinden bildeten und zu dieser Zeit, um 1169, nicht allzu schlecht behandelt wurden, gehörten alle dem christlichen Glauben an, dem Glauben an Gott den Vater und an Jesus Christus, der bald wiederkehren, die Lebenden und auferstandenen Toten richten und zwischen Paradies und Hölle aufteilen würde. An den Portalen der Kirchen hatten Bildhauer das

DIE HÖLLE
An den Portalen der Kirchen und Kathedralen findet man überall Darstellungen von endlosen Folterungen durch Furcht erregende Teufel. Diese Szenen sollten die Gläubigen erschrecken und von der Versuchung durch die Sünde abhalten. (Detail aus der Darstellung des Jüngsten Gerichts am Portal der Kathedrale von Bourges, Ende 12., Anfang 13. Jh.)

Himmel und Hölle

Jüngste Gericht dargestellt, das zeigte, wie die Sünder auf ewig von den Teufeln gepeinigt wurden. Jeder hatte Angst davor, ebenfalls dieses Schicksal erleiden zu müssen, und hoffte, ihm zu entgehen. Deshalb vermied man es, Böses zu tun, vor allem aber kniete man regelmäßig mit gefalteten Händen – wie ein Vasall vor seinem Herrn – vor dem Allmächtigen oder, genauer, vor den Heiligen, die den Hofstaat des Allmächtigen im Himmel bildeten, nieder, vertraute sich ihnen an und erwartete, dass sie für einen eintraten und einen vor dem göttlichen Zorn bewahrten. Die Ritter, genau wie die Bürger der Städte und die Bauern, hofften dabei zu dieser Zeit jedoch vor allem auf die Hilfe der Priester und Mönche. Diese übernahmen es, an anderer Leute Stelle zu beten, für sie Gnade zu erlangen und sie vor der Hölle zu retten.

Keine Ausgabe wurde gescheut, wenn es darum ging, das Paradies zu erlangen. Jeder Lehnsherr ließ bei sich eine Kapelle errichten, sobald er konnte. War er reich, so hatte er größere Ambitionen: Dann ließ er eine Kirche oder ein Kloster bauen und setzte dort eine Gruppe von Priestern oder Mönchen ein, die er wie seine Ritter ernährte und damit beauftragte, Tag und Nacht für ihn, seine Vorfahren und die Angehörigen seines Hausverbandes zu beten.

So hatte der Vater einer Urgroßmutter von Arnoul im Jahr 1084 nicht weit entfernt von seiner Burg von Guînes die Abtei von Andres gegründet. Fünfzehn Jahre zuvor hatte der Großvater einer der Großmütter von Arnoul ein Kollegium mit zehn Kanonikern neben der Burg von Ardres gegründet. Er besuchte es täglich zur Messe, sang mit den Kirchenmännern – von denen manche seine Onkel und Cousins waren, andere die Onkel und Cousins seiner Vasallen – die Psalmen und verteilte mit ihnen Almosen an die Armen. Bis 1144 machten es seine Nachkommen genauso. Dann wurden die Kanoniker (das sind Kirchenmänner, die ein Kollegium, also eine Gemeinschaft, bilden und nach einer Regel leben, die ihnen vorschreibt, täglich gemeinsam zu beten) durch die Mönche einer Abtei der Gegend ersetzt.

31

Die Kinderjahre des Ritters

Die Mönche

DIE AUFGABE DER GEBILDETEN Neben dem Gebet für das Heil der Menschen haben manche Mönche auch die Aufgabe, den Herren beim Lesen und der Rechnungsführung zu helfen, da sie häufig (fast) die Einzigen sind, die das können. (Miniatur aus den Grandes Chroniques de France, *14. Jh.)*

In diesen religiösen Stätten, Kirchen oder Kapellen, die sich neben dem Herrenhaus befanden, wurden die Toten der Familie begraben. Im Kloster von Andres ruhten alle Vorfahren des Hausherrn, des Grafen von Guînes, sowie der Ritter des Landes, seiner Gefolgsleute. Denn die künftige Hauptaufgabe der Jungen, die die Schulen besuchten, um Latein zu lernen, bestand darin, über die Verstorbenen zu wachen und Gebete zu sprechen, die sie am Tag der Auferstehung vor dem Weltenrichter in eine gute Position versetzen sollten. Die Kleriker erwiesen der Familie ihres Hausherrn auch andere Dienste. Bisweilen erklärten sie mit einer Predigt, wie man sich verhalten musste, um Gott zu gefallen. In einer Zeit, in der die Verwendung der Schrift rasche Verbreitung fand, halfen sie bei der Verwaltung der Grundherrschaft, da sie lesen und rechnen konnten. Sie waren es auch, die die Erinnerung an die Ahnen bewahrten und sich manchmal daransetzten, deren Heldentaten niederzuschreiben, so wie der Priester Lambert von Burg Ardres, von dem ich alles weiß, was ich dir von Arnoul erzählen kann.

Wenn die Rittersöhne in eine Kathedrale oder Abtei gekommen waren, konnten sie darauf hoffen, von einem ihrer Verwandten unterstützt zu werden, aufzusteigen und schließlich zum Bischof oder Abt gewählt zu werden. Damit waren sie dann selbst Lehnsherren.

Die religiösen Einrichtungen hatten nämlich im Jahrhundert zuvor große Schenkungen erhalten. Auf dem Land und in den Städten gehörte ihnen ein großer Teil des Bodens, sie besaßen die Befehlsgewalt über eine große Zahl von Bürgern und Bauern und konnten sie bestrafen, und sie hatten eigene

Burgen mit eigenen Rittern. Mönchen und Priestern war es verboten, Blut zu vergießen, sie durften kein Schwert tragen und nicht kämpfen. Aber sie ritten gern, und man sah noch immer viele Bischöfe, die dem Vergnügen nicht widerstehen konnten, die Rüstung anzulegen und mit dem wehenden Banner der Kirche die Truppe ihrer Vasallen gegen den Feind zu führen.

Eine mündliche Kultur

Tatsächlich unterschied sich das Leben der Jungen, die Mönche geworden waren, nicht wesentlich von dem ihrer Brüder und Cousins, die Ritter waren. Wenn sie nicht gerade in ein besonders strenges Kloster eingetreten waren, wo das Verbot, das Kloster zu verlassen, sehr streng gehandhabt wurde, hatten sie zahlreiche Gelegenheiten, ihre Brüder und

ORT DES GEBETS
Nur die mit grauen Steinplatten gedeckten Gebäude der 1148 gegründeten Abtei von Sénanques im Departement Vaucluse in der Provence stammen noch aus der Anfangszeit. Die anderen Gebäude (mit Ziegeldächern) wurden im 18. Jahrhundert errichtet.

Die Kinderjahre des Ritters

Cousins zu sehen. Sie gingen mit ihnen auf die Jagd und aßen am selben Tisch; wenn sie sich mit ihnen unterhielten, stellten sie ihnen ihr Wissen zur Verfügung, offenbarten ihnen ein bisschen von dem, was in den Büchern stand; bei Bedarf schrieben sie nieder, was ihre Brüder oder Cousins ihnen diktierten.

In Nordfrankreich konnten im Jahr 1160 – oder besser um 1170–1175, denn Arnoul ist inzwischen etwas größer geworden – nur sehr wenige Ritter schreiben. Den Menschen schien das nicht erforderlich, nicht einmal nützlich, und das Lesenlernen gehörte nicht zu ihrer Erziehung. Stattdessen mussten sie üben, gut zu reden. In den Ritterversammlungen, an den Höfen, bei Ratsversammlungen und Versammlungen, bei denen Recht gesprochen wurde und zu denen die Vasallen kamen und sich um ihre Herren scharten, wurde alles mündlich geregelt. Alle Kenntnisse, alle Berichte, alles, was wir heute in Zeitungen und Büchern lesen, wurde von Mund zu Mund weitergegeben. Und auch wenn die meisten Krieger weder lesen noch schreiben konnten, hatten sie im Vergleich zu uns doch einen Vorteil: Ihr Gedächtnis wurde ständig trainiert, und so war es flexibel, sehr verlässlich und konnte enorm viel speichern, fast wie dein Computer.

RECHT SPRECHEN
Jeder Lehnsherr ist verpflichtet, in seinem Herrschaftsbereich Gerechtigkeit walten zu lassen. Er kann sich an seine Ritter wenden, damit sie ihm dabei zur Seite stehen. In der Versammlung der Ritter herrscht das gesprochene Wort. Der Psalter von Stuttgart *(ein Manuskript aus dem 9. Jahrhundert) zeigt zwei hoch stehende Persönlichkeiten, die sich heftig streiten.*

Ritter werden

Kommen wir nun zu den Jungen, die Ritter werden sollten. Sie waren von zu Hause vertrieben worden und fanden häufig Aufnahme im Haus des Bruders ihrer Mutter. Die Aufgabe des Onkels mütterlicherseits bestand darin, ganz besonders auf die Söhne seiner Schwestern zu achten und ihnen im Leben zu helfen. Zwischen ihnen und ihrem Onkel entstand ein sehr enges Band der Zuneigung, das engste von

Der zweite Vater

*BRÜDERLICHE
FREUNDSCHAFT
In den langen Lehr-
jahren werden die
künftigen Ritter ge-
meinsam erzogen und
schließen fast brüder-
liche Freundschaften
mit den anderen
künftigen Vasallen
ihres Lehnsherrn.
(Miniatur aus den
Cantiques de
sainte Marie,
13. Jh.)*

allen, sehr viel enger als zwischen einem Vater und seinem Sohn; diese Bindung vereinte zum Beispiel im Rolandslied den tapferen Ritter Roland mit Karl dem Großen.
Häufiger jedoch vertraute ein Vater seinen Sohn seinem Lehnsherrn an. Das tat auch Baudoin. Er verlangte von den Rittern, die mit seiner Burg verbunden waren, ihm ihre Söhne anzuvertrauen. Er selbst schickte Arnoul zu seinem Herrn, dem Grafen von Flandern, der Wert darauf legte, alle künftigen Herren der Region selbst zu erziehen. Das politische System des Feudalismus beruhte vollständig auf der Freundschaft zwischen dem Lehnsherrn und seinen Vasallen. Diese Freundschaft wurde durch die Zeremonie des Treueides begründet. Sie musste regelmäßig erneuert und durch persönliche Kontakte unterhalten werden. Deshalb waren die Ritter gezwungen, sich in gewissen Abständen zu ihrem Lehnsherrn zu begeben, zu dem Mann, dem sie Treue geschworen hatten, und während ihres Herrendienstes oder wenn er sie an seinen Hof berief einige Tage in seiner Begleitung auf der Burg zu leben.

Der zweite Vater

Es gab noch ein anderes sicheres Mittel, die Ritter fest an den Lehnsherrn zu binden, nämlich sie von Kindheit an unter seine Gewalt zu stellen, aus ihm ihren zweiten Vater zu machen, der stärker respektiert und geliebt wurde als der leibliche. Für

Die Kinderjahre des Ritters

den kleinen, siebenjährigen Jungen, der sich dem Lehnsherrn nach einer bisweilen langen Reise hilflos vorstellte (Guillaume le Maréchal hatte den Ärmelkanal überqueren müssen, um sich zum Herrn von Tancarville zu begeben, dem er von seinem Vater anvertraut worden war), wurde dieser wirklich ein zweiter Vater. Das Kind kam in ein größeres Haus als das, in dem es geboren war, kam in einen größeren Hausverband, da sein Vater in der Regel weniger reich war als dessen Lehnsherr oder Schwager. In dieser besser gebauten, gastfreundlicheren, angenehmeren Burg würde der Junge nun zwölf Jahre lang am Tisch des Hausherrn essen – zunächst ganz am Ende der Tafel, um dann mit fortschreitendem Alter immer näher zum Platz des Hausherrn aufzurücken. Manchmal würde er am Fußende von dessen Bett schlafen. Die Dame des Hauses würde seine Mutter ersetzen, von der er getrennt worden war. Er würde versuchen, sich ihr gegenüber hervorzutun, um die Zuneigung des Herrn, ihres Mannes, zu gewinnen. Um beiden zu gefallen und gut behandelt zu werden, würde er sich sehr anstrengen und sich bemühen, ein »Recke« zu werden, ein tapferer Krieger.

Ein kräftiger Körper, ein mutiger Geist

Um dieses Ziel zu erreichen, musste er vor allem seinen Körper trainieren, um ihn gelenkig und kräftig zu machen, und seinen Geist, um großmütig zu werden. Kaum war er auf der Burg angekommen, führte man den Jungen zu den Pferden. In den Ställen, in der Schmiede und in der Hütte, wo die Sättel gefertigt wurden, zeigten ihm die Pferdeknechte und die Jungen, die in ihrer Ausbildung schon weiter waren, wie man ein Pferd füttert, es pflegt und wie man sein Zaumzeug richtet und repariert. Nach und nach machte er sich mit dem vertraut, was später einmal das wertvollste, empfindlichste und am schwierigsten zu handhabende Werkzeug seines Berufes sein würde.

Ein kräftiger Körper, ein mutiger Geist

Gleichzeitig lernte er auch die unberührte Natur kennen. Zu dieser Zeit war sie wesentlich ursprünglicher, üppiger und wilder, als sie es heute ist. Sie war auch sehr viel fruchtbarer und lieferte eine Menge Nahrungsmittel, Stoffe und Heilmittel – allerdings war sie auch sehr viel gefährlicher. Wie heute noch im Dschungel Borneos oder im tropischen Regenwald konnte sich niemand darin zurechtfinden, ohne sehr genau alle Möglichkeiten und Gefahren zu kennen. Im 12. Jahrhundert betrieben die Bauern überall Brandrodung und schufen damit Flächen für neue Felder; auf diese Weise weitete sich die Anbaufläche unaufhörlich aus. Dennoch war der größte Teil der Landschaft noch mit Wäldern, Heidelandschaften und Sümpfen bedeckt. Die großen Wälder, deren Überreste uns heute immer noch riesig erscheinen, waren früher viel dichter, kompakter und ebenso undurchdringlich wie die Urwälder Zentralafrikas.

Im Jahr 1179 (zu der Zeit, als Arnoul gerade seine Ausbildung zum Ritter beendete) verirrte sich der vierzehn Jahre alte Philipp, der älteste Sohn des französischen Königs, auf dem Weg nach Reims, wo er selbst zum König gesalbt werden sollte, im Wald. Man hielt ihn für tot. Als er zwei Tage später endlich wieder auftauchte, war es auch beinahe; es scheint, als habe dieses Unglück sein ganzes Leben geprägt. Das dichte Unterholz und die neblige Heide flößten Angst ein. Die Menschen stellten sich vor, dass dort seltsame Wesen lebten, Feen, abscheuliche Tiere und Drachen. Und tatsächlich riskierte man dort unangenehme Begegnungen. Dieser Teil des Landes, der nicht bestellt und nicht bewirtschaftet wurde, war nicht gänzlich menschenleer. Flüchtige Verbrecher, Gesetzlose und Räuber suchten dort Zuflucht. Auch Schweinehirten, Holzfäller und die zahlreichen Arbeiter, die dort inmitten von Bäumen und Gestrüpp abseits der Bauern lebten und in den unbebauten Gebieten arbeiteten, Holz schlugen, Holzkohle

FINDIG SEIN IST PFLICHT Die Wälder sind im 12. Jahrhundert noch richtige Dschungel. Um darin zu überleben, müssen die jungen Reiter die Geheimnisse des Waldes kennen: die Bäume, aus deren Ästen man Bögen herstellen kann, die essbaren und die giftigen Pflanzen, die Hochwälder, die von wilden Tieren bevölkert sind, das Unterholz, in dem man sich des Nachts zum wohlverdienten Schlaf legen kann, und alle Tricks, um sich vor Wind, Regen und Kälte zu schützen. (Psalter von Stuttgart, 9. Jh.)

Die Kinderjahre des Ritters

gewannen, Eisen oder Glas herstellten, um die Ergebnisse ihrer Arbeit dann in die Dörfer und Städte zu bringen, waren nicht gerade Vertrauen erweckend. Bisweilen zitterten sogar die mutigsten Ritter, wenn sie plötzlich vor den schwarzen, struppigen Männern aus den Wäldern standen.

Die Natur kennen lernen

In diesen gefahrvollen Gebieten lebten auch Tiere aller Arten und Größen im Überfluss. Es waren riesige Jagdgründe, und die Lehnsherren begannen, sich über die fortschreitende Rodung Sorgen zu machen und darüber nachzudenken, wie sie dieser Entwicklung Einhalt gebieten konnten. Neben dem Krieg war die Jagd ihre Hauptbeschäftigung.

*DIE TREIBJAGD
Die Jagd ist der Lieblingszeitvertreib des Lehnsherrn und seiner Freunde, wenn sie nicht gerade im Krieg sind. Sie erfordert große Geschicklichkeit und perfekte Kenntnis der gejagten Tiere. In diesem in der British Library in London aufbewahrten lateinischen Psalter*

aus dem 12. Jahrhundert sieht man, wie Wilhelm der Eroberer in Begleitung einiger junger Männer, offenbar Geistlicher, auf die Jagd geht.

Sie liebten die Jagd, weil sie das Fleisch der wilden Tiere mochten, das über großen Feuern gegrillt oder gebraten wurde; es war die Nahrung der Adligen schlechthin. Aber sie liebten die Jagd vor allem, weil sie Gefallen daran fanden, das Wild aufzuscheuchen, es zu umstellen und zu töten. Manche dieser Tiere waren Furcht einflößende Gegner, und nicht immer ging der Mensch als Sieger aus diesem Kampf hervor.

Die Natur kennen lernen

Verloren in den großen Wäldern

Ein Abenteuer des Gottfried Plantagenet, Graf von Anjou, Großvater von Richard Löwenherz, von dem die *Chronik der Grafen von Anjou* (Mitte des 12. Jahrhunderts) berichtet.

»Eines Tages brach Gottfried Plantagenet zur Jagd auf. Im Wald ließen seine Diener die Hunde los, die sofort die Fährte des Wildes aufnahmen und es aufstöberten. Ihr Gebell signalisierte es dem Grafen. Er wollte die Meute und das Wild auf einer Abkürzung quer durch den Wald überholen, aber die Strecke war weiter, als er dachte. Je mehr er sich zu nähern glaubte, desto mehr entfernte er sich. Allein irrte er in dem einsamen Hochwald umher, begegnete weder seinen Begleitern noch den Hunden, noch irgendjemandem sonst. Als die Sonne bereits unterzugehen begann, gewahrte er schließlich durch die Äste die Gestalt eines ganz schwarzen Mannes: Das war einer jener Männer, die Holzkohle für die Schmiede machten.« Der Graf grüßte ihn, fragte ihn, ob er den Weg nach Loches kenne, und bat ihn, er möge ihn auf den Pfaden bis zum großen Weg begleiten. Er ließ den Köhler hinten aufsitzen. Sie kamen ins Gespräch, und auf diese Weise erfuhr der Graf, dass seine Verwalter das arme Volk tyrannisierten.

ENDLOSE WÄLDER
Im 12. Jahrhundert bedeckten Wälder wesentlich mehr Fläche als heute. Manche von ihnen sind berühmt geblieben: der Wald von Brocéliande in der Bretagne etwa, in dem Merlin der Zauberer gelebt haben soll. Andere wie der hier abgebildete Wald im Naturpark Nordvogesen geben noch immer eine Vorstellung von der Tiefe der Wälder Europas zu der damaligen Zeit.

Die Jagd erforderte Wagemut, große Ausdauer und genaue Kenntnis der Gewohnheiten jeder Tierart. Ein guter Jäger musste ihre Lager, ihre Wechsel aufspüren können, musste sie ausspähen, ihre Laute und Rufe verstehen und ihre Listen durchschauen können, musste sie an der kleinsten Spur erkennen und dann die Meute der Jagdhunde führen können. Auch die Jagdhunde waren sehr gefährliche Tiere, sie wurden

DIE FALKNER
Die Falkenjagd stellt eine Ehre für alle dar, die daran teilnehmen: Sie ist zunächst den Königen und höchsten Lehnsherren vorbe-halten. Sie besteht

darin, mithilfe eines dressierten Raubvogels zu jagen, der zur Verfolgung des Wildes in die Luft geworfen wird.

auf der Burg gehalten, wo die Untertanen der Lehnsherr-schaft gezwungen waren, sie zu füttern. Es waren gewaltige Tiere, die die Hirsche so lange verfolgten, bis diese erschöpft unter den Hundebissen zusammenbrachen. Im Kampf konn-ten die Jagdhunde sogar Wölfe oder Bären töten. In den Burgen der höchsten Lehnsherrn, wo man wie die Könige leb-te, wurden auch Raubvögel aufgezogen, vor allem Falken, um damit auf Vogeljagd zu gehen. Die Kunst der Falkenjagd beherrschte man erst nach lan-ger Übung. In jedem Fall bedurfte es viel Zeit und großer Beharrlichkeit, um aus einem Jungen einen guten Jäger zu machen. Aber zu-gleich bedeutete dies auch, ihn zu einem guten Krieger auszubilden, denn die Jagd war dem Krieg sehr ähnlich. Der Jagdsport war ebenso gewalttätig, fast ebenso mörderisch und wurde – genau wie der Krieg – von Mannschaften ausgeführt, die untereinander fest zusammenhiel-ten und gewohnt waren, gemein-sam zu arbeiten, einander völlig zu vertrauen und sich in kleinen, verstreuten Gruppen in einem unebenen und unübersichtlichen Gelände zu bewegen. Bei der Jagd wie im Krieg halfen eine besondere Sprache, Zurufe, Schreie und Hornsignale, die Manöver aufeinander abzustimmen.

Die Erwachsenen nachahmen

Die Lehrzeit des Ritters begann deshalb auch mit der Jagd. Die Jungen wurden in die Wälder und auf die Heide geschickt. Sie lernten, indem sie hinter dem Lehnsherrn, seinen Freun-den, seinen Dienern und ihren Hunden hinterherrannten, wenn es an die Verfolgung von Wildschwein, Fuchs oder

Hirschkuh ging. Zwischen den Treibjagden übten sie sich im Bogenschießen. Als Erwachsene würden sie später – ausgerüstet mit Schwert und Lanze – diese volkstümliche Waffe verachten und nicht mehr verwenden. Jetzt jedoch vergnügten sie sich noch damit, durchs Dickicht auf Vögel zu schießen, und lernten, entschlossen und geduldig auf der Lauer zu liegen, ihre Nerven zu beherrschen und genau zu zielen. Bei alledem wurden sie in den Tiefen der Wälder mit den Geheimnissen der Natur vertraut gemacht.

Der Gebrauch der Waffen

Heutzutage wird man mit achtzehn volljährig. Im 12. Jahrhundert waren es die Jungen vier Jahre früher. Ihr Wachstum war noch nicht beendet, aber man hielt sie für fähig zu heiraten, mit ihrer Verlobten einen eigenen Hausstand zu gründen und im Bedarfsfall, wenn ihr Vater nicht mehr lebte, den Treueid zu leisten, den Treueid zu empfangen und die Leitung einer Lehnsherrschaft zu übernehmen. Mit vierzehn Jahren wurde Philipp August zum König von Frankreich gekrönt. Normalerweise war die Erziehung des Ritters zu diesem Zeitpunkt allerdings noch nicht beendet. In diesem Alter begann ihr zweiter und wichtigster Abschnitt.

Im Lauf der vorbereitenden Spiele im Wald hatten die Heranwachsenden gelernt, alle Arten schlechter Witterung zu ertragen, lange Zeit auf der Lauer zu liegen und einen Hinterhalt zu legen; ihr Körper war ausreichend gestählt, um ihrem Adoptivvater und seinen Rittern bei ihren Kriegszügen folgen zu können, ohne sie allzu sehr zu behindern, und ihnen sogar einige Dienste erweisen zu können. Diesen Kriegern dienten sie als »Schildknappen«. Das Wort kommt vom »Schild« der Ritter. Damit die Ritter ohne Anstrengungen oder Ermüdung am Ort des Kampfes ankamen, hatten die Schildknappen die Aufgabe, deren Ausrüstung zu transportieren, vor allem den Schild, die schwere Verteidigungswaffe der Ritter.

41

Die Kinderjahre des Ritters

Das Pferd

Diese untergeordnete Aufgabe brachte sie den niedersten Knechten nahe, die sich um die Pferde kümmerten. Bei der Arbeit als Knappe, die darin bestand, an der Seite der Krieger zu stehen, wenn sie sich ins Kampfgetümmel stürzten, ihren Rittern zu Hilfe zu kommen, ihnen aufzuhelfen, wenn sie aus dem Sattel gehoben worden waren, und ihnen ein neues Pferd zu bringen, lernten sie wirklich zu kämpfen und gewöhnten sich bei den Turnieren oder Raubzügen daran, ihre Waffen und vor allem ihr Pferd immer geschickter zu gebrauchen.

In der Welt der Ritter waren die Pferde Gegenstand ähnlicher Aufmerksamkeit und ähnlicher Wünsche wie heute Formel-1-Wagen oder Rennmotorräder. Die reichsten Herren machten sich die besten Pferde streitig. Sie ruinierten sich, um gute Pferde zu kaufen, und die Pferdehändler gehörten zu den wohlhabendsten Geschäftsleuten. In dem Jahrhundert vor Arnouls Geburt waren viele Schmieden eingerichtet oder erweitert worden, vor allem, um die Kriegspferde zu beschlagen; die kräftigsten Leder wurden dazu verwendet, Sattel und Zaumzeug herzustellen. Alles, was mit den Pferden zu tun hatte, nahm im Alltag eine Bedeutung ein, wie sie heute Autowerkstätten, Zapfsäulen, Parkplätze und Strafzettel haben. Die Bauern waren gezwungen, große Ladungen Hafer zur Festung in der Nähe ihres Dorfes zu liefern, und ein großer Teil des bebauten Landes diente der Versorgung der Ställe der Herren. Vergiss nicht, dass auch die kleinste Burg, die wie Ardres etwa zwanzig Ritter beherbergte, mindestens hundert Pferde versorgen musste.

Denn jeder Ritter musste fünf oder sechs Pferde zur Verfügung haben. Die waren ein sehr anfälliger Teil seiner Aus-

EIN VOLLSTÄNDIG AUSGERÜSTETES PFERD
Ein gestriegeltes Fell, geflochtene Mähne, gezäumtes Pferd, festgezurrter Sattel, gehaltene Steigbügel – da muss der Ritter sich nur noch aufs Pferd schwingen. (Mehrfarbige Hochzeitstruhe aus dem Kirchenschatz der Kathedrale von Vannes.)

rüstung. Im Laufe des Kampfes musste das verwundete, getötete, vom Feind gefangene oder einfach nur erschöpfte Streitross fast immer durch ein anderes ersetzt werden. Außerdem gab es zwischen den Pferden ebenso große Unterschiede wie zwischen einem Sport- und einem Lieferwagen. Je nach ihren Vorzügen wurden sie für ganz verschiedene Aufgaben eingesetzt. Die weniger guten, die so genannten Klepper, und die Stuten dienten als Transportmittel für Menschen und Gepäck. An den Kämpfen nahmen nur die hochwertigsten Hengste teil (die besten, die so genannten »spanischen«, kamen von arabischen Pferdezüchtern aus Andalusien), die edlen »Streitrösser«. Manche von ihnen wurden wegen ihrer Leistungen berühmt, und an den Höfen kannte man sie mit Namen.

Du darfst sie dir nicht so leicht und so schlank vorstellen wie die heutigen Rennpferde, sie waren sehr viel gedrungener und kräftiger gebaut. Sie mussten auch im vollen Galopp etwa hundert Kilo tragen können – das Gewicht des Reiters und seiner Ausrüstung. Ebenso wichtig wie ihre Robustheit war die Fähigkeit, ruhig zu bleiben und inmitten des Kampfgetümmels nicht zu scheuen.

Die Dressur des Streitrosses

Die künftigen Ritter übten sich also in der Beherrschung der Streitrösser und lernten, sich deren Fähigkeiten zu Nutze zu machen. Als sie noch Kinder waren, hatten sie bereits gelernt, die Tiere zu striegeln, und damit begonnen, auf ihnen zu reiten. In der Zeit zwischen ihrem vierzehnten und zwanzigsten Lebensjahr lernten sie, die Pferde bestmöglich zu nutzen. Es war nicht gerade leicht, ein tapferes, feuriges Pferd zu zwingen, seine Angst vor dem Schlachtgetümmel zu beherrschen und im entscheidenden Moment des Kampfes nicht aufzumucken, und es war auch nicht leicht, im Sattel die vollkommene Gewandtheit der Bewegungen zu erwerben, die für jeden erforderlich war, der Lanze und Schwert führen und

Die Kinderjahre des Ritters

dabei sein Pferd leiten musste. Erst nach mehreren Jahren war ein Krieger mit der schwierigen Aufgabe des Kämpfens zu Pferde vertraut.

Um die Schildknappen auszubilden, gab man ihnen die störrischsten Pferde. Sie mussten sie im Hof der Burg in einer Art Rodeo unter dem wachsamen Blick ihrer Betreuer bändigen. Sie verließen diese Übungen zumeist voller Wunden und Beulen, und die Wettbewerbe, bei denen die Ritter sich an Kühnheit überboten, um die Achtung ihres Herrn zu gewinnen, verliefen nicht ohne schwere Unfälle, genau wie heutzutage die kühnen Wettkämpfe, die sich Motorradfahrer untereinander liefern. Das weiß ich aus den Chroniken der Zeit: Viele Jungen verloren dabei ihr Leben, viele andere wurden verstümmelt oder verloren ein Auge und damit jegliche Hoffnung, eines Tages in den Kreis der Kriegsleute aufgenommen zu werden; häufig verbrachten sie wie die unverheirateten Frauen den Rest ihres Lebens im Kloster.

Das Schwert

TAUSENDE PFERDE
Jeder Ritter muss fünf oder sechs Pferde zur Verfügung haben, damit er auf dem Schlachtfeld nicht plötzlich keines mehr hat. (Teppich von Bayeux, 11. Jh.)

Das Schwert

Gute Streitrösser waren sehr teuer, gute Waffen auch. Auf letztere wurde ebenfalls viel Sorgfalt verwandt. Die Schildknappen verbrachten Stunden damit, sie zu schleifen und zu polieren, um sie vor Rost zu schützen. Trotzdem nutzten die Waffen sich ab oder wurden schadhaft. Sie wurden bei jedem Scharmützel verbogen und verbeult, und man musste sie wieder in Ordnung bringen und gerade biegen. Außerdem waren sie rasch veraltet. Die Perfektionierung der Kampfformen und der Stolz des Ritters, der vor seinen Gefährten nicht mit veralteten Waffen erscheinen wollte, zwangen ständig zur Anschaffung von neuen. Die alten wurden eingeschmolzen, um das Metall wieder zu verwenden. Deshalb sind praktisch keine Waffen aus dem

DIE WAFFE AN DER SEITE
Das in der Scheide steckende Schwert wird mittels eines aus Lederriemen bestehenden Wehrgehenks, das wie ein Gürtel in einer Schnalle endet, an der Taille befestigt.

45

*DAS SCHWERT
ALS SYMBOL*
*Das Schwert ist
untrennbar mit dem
Ritter verbunden,
für manche von ihnen
wird es zu einer rich-
tigen Persönlichkeit.
Beim Tod der berühm-
testen Ritter »stirbt«
die Waffe häufig mit
ihrem Besitzer: So ist
es etwa im Fall von*
Joyeuse, *der Waffe
Karls des Großen,*
Balisarde *von Renaud
oder* Hauteclaire *von
Olivier (drei der
Helden des französi-
schen* Rolandsliedes
aus dem 12. Jh.).

12. Jahrhundert mehr erhalten. Diejenigen, die wir heute in Museen sehen können, sind neueren oder sehr viel älteren Datums; in letzterem Fall stammen sie aus dem ganz frühen Mittelalter, aus der Zeit vor dem Christentum, als man die Krieger noch mit ihrer Ausrüstung beerdigte. In den Gräbern aus dieser Zeit sind die Waffen zum Teil erhalten geblieben. Die Waffen, die der junge Arnoul zu benutzen lernte, kennen wir im Wesentlichen nur durch Bilder, durch Illustrationen von Manuskripten oder durch Skulpturen.

Das Schwert stand im Mittelpunkt der Ausrüstung des Ritters. Stärker noch als Pferd und Sporen war es Sinnbild seiner Macht und seiner Privilegien. Das Schwert von Arnouls Vater Baudoin ähnelte sehr demjenigen, das die Franken zur Zeit Chlodwigs oder die Wikinger zur Zeit Karls des Großen trugen – all die Krieger, die im Laufe der vorangegangenen Jahrhunderte große Siege errungen und ihre Eroberungen dank dieser Waffe vergrößert hatten. Es war so wirkungsvoll, dass die muslimischen Fürsten Schwerter zu jedem Preis kauften und der Schwertschmuggel blühte – trotz aller Maßnahmen, die von der Kirche getroffen wurden, um zu verhindern, dass die Waffen an die Feinde Christi verkauft wurden. Die kunstvollen Herstellungsmethoden, die dem Eisen des Schwerts seine Geschmeidigkeit und Schärfe verliehen, waren in Nordeuropa bereits seit langem verbreitet, und die Form, die dem Kampf zu Fuß und Mann gegen Mann angepasst war, hatte sich nicht verändert. Das Schwert diente dazu, als Stoßwaffe mit der Spitze den Schutz des Gegners zu durchstoßen: Deshalb war es einen guten Meter lang. Außerdem diente es als Hiebwaffe dazu, mit der Schneide den Körper des Gegners zu spalten, der am Kopf oder den Gliedern angegriffen wurde: Zu diesem Zweck war es stabil und schwer (es wog zwischen zwei und drei Kilo), und sein Griff war lang genug, um es beim Schlagen in beide Hände nehmen zu können. Es

hatte die Form eines Kreuzes, was seine symbolische Bedeutung für die christlichen Krieger noch verstärkte. Häufig
verliehen die Reliquien eines Heiligen, die in den Knauf ein-
gelassen waren, dem Schwert einen noch religiöseren Charakter, was die geheimnisvolle Macht, mit der man es ausgestattet glaubte, weiter verstärkte. Der Ritter behandelte sein
Schwert wie einen Menschen. Genau wie sein Streitross, seine Frau und er selbst trug auch sein Schwert einen
Namen. So hieß das Schwert von Roland
»Durandal« und das von König
Artus »Excalibur«.

Die Lanze

In den Jahren, in denen Arnoul von
Ardres seine Ausbildung beendete,
war die Angriffswaffe des Reiters allerdings nicht mehr das
Schwert, sondern die Lanze.
Diese Hartholzstange, die in
einer Eisenspitze endete, wur-
de lange Zeit als Wurfspieß verwendet und von weitem auf
die feindlichen Truppen geschleudert, um sie in Unordnung
zu bringen, bevor man sie mit dem Schwert angriff. Aber dann
hatte man erkannt, dass es besser war, auf den Gegner loszu-
stürzen und die Lanze in der Hand zu behalten, da die Durchschlagskraft, die nun nicht mehr nur aus der Kraft des Mannes
kam, sondern auch aus dem Gewicht seines Reitpferdes, das
mit der ganzen Ladung in Schwung gekommen war, erheblich zugenommen hatte. Die Lanze musste nun wesentlich
dicker sein, um beim Aufprall nicht zu zersplittern, und auch
deutlich länger (bis zu zweieinhalb Meter), was sie schwerer
handhabbar machte. Dafür war die Chance, die Rüstung des
Gegners zu durchstoßen oder ihn aus dem Sattel zu heben,
sehr viel größer.

*EINE WURFWAFFE
Zwischen dem 9. und
dem 15. Jahrhundert
wird die Lanze immer
länger, bis sie eine
Länge von zweieinhalb
Metern erreicht. Man
kann sich leicht vorstel-
len, was für eine Kraft
man braucht, um sie zu
tragen und mit ihr den
Feind zu verwunden.
Dieser Reiter aus der
Darstellung des Teppichs
von Bayeux (11. Jh.)
scheint seine Waffe je-
doch mit großem
Geschick zu führen.*

Die Kinderjahre des Ritters

Mit verhängten Zügeln

Wenn der Gegner in Sichtweite war, stieg der Ritter von seinem Transportpferd, das ihn bis dahin getragen hatte, und bestieg das Streitross, das ein Junge am Zügel herbeigeführt hatte. Aus den Händen des Schildknappen, der ihm diente, nahm

Bild rechte Seite: DUELL AUF LEBEN UND TOD Diese beiden Ritter bekämpfen sich bei einem Turnier. Wenn sie aufeinander treffen, ist der Aufprall so heftig, dass es ihnen sehr schwer fällt, im Sattel zu bleiben. Man kann sich bei einem Duell auf Leben und Tod, wie es Chrétien de Troyes in nebenstehendem Bericht beschreibt (in Lancelot oder der Karrenritter, *um 1170), leicht den Hass vorstellen, der die Kämpfer erfüllt. (Codex Manesse, Schweizer Handschrift, 12. Jh., aufbewahrt in der Universitätsbibliothek Heidelberg.)*

Ein Zweikampf

Eines Tages aß Lancelot bei einem Ritter zu Abend, der ihn auf seiner Fahrt beherbergt hatte. Da erschien ein unbekannter Ritter und beleidigte ihn. Lancelot nahm die Herausforderung an. Hier die Beschreibung des Kampfes durch den Dichter Chrétien de Troyes:

»Bevor er sich von der Tafel erhob, bat er den Jungen, der ihn bediente, sein Pferd zu satteln und ihm seine Waffen zu bringen. Als er sein Streitross bestieg und mit all seinen Waffen, den Schild an den Riemen, im Schritt hinausritt, da zögerte niemand, ihn zu den Schönsten und Tapfersten zu zählen. Sein Herausforderer erwartete ihn draußen auf offenem Gelände. Kaum sind sie beide in Sichtweite, stürzen sie mit verhängten Zügeln gegeneinander los und treffen so heftig aufeinander, dass die Lanzen sich biegen und zersplittern. Daraufhin schlagen sie mit dem Schwert gegen Schild, Helm und Kettenhemd, durchtrennen das Holz, brechen das Eisen und verletzen sich an mehreren Stellen. Die Schwerter gleiten über die Kruppen der Pferde und färben sich mit Blut; sie dringen in die Flanken der Streitrösser, die tot umstürzen. Kaum sind die beiden Ritter am Boden, stürzen sie sich zu Fuß aufeinander. Hätten sie sich auf den Tod gehasst, so hätten sie das Schwert nicht grausamer geführt [...]. Alle haben das Haus verlassen. Der Herr und die seinen [...] haben sich am Rand des Geländes aufgestellt, um den Kampf zu sehen. Als er merkt, dass er beobachtet wird, bebt Lancelot vor Wut darüber, dass er noch nicht gesiegt hat. Er steigert seinen Eifer. Wie ein Sturm geht er zum Angriff über und zwingt den Gegner zurückzuweichen. Er erinnert sich an die Beleidigung, geht rasch um den Gegner herum und löst die Riemen, die den Helm festhalten, der daraufhin vom Kopf fliegt. Auf diese Weise zwingt er den andern, ihn um Gnade zu bitten.«

Mit verhängten Zügeln

er zunächst den Schild, den er an seinem linken Arm befestigte, dann die Lanze; diese hielt er gerade, waagrecht, während er dem Gegner im Trab entgegenritt. Sobald er nur noch etwa dreißig Meter entfernt war, gab er dem Pferd die Sporen und stürzte, die Lanze fest unter die rechte Achsel geklemmt und schräg geneigt, so schnell es ging auf einen der

Da taucht ein junges Mädchen ohne Mantel und Haube auf, das von Lancelot den Kopf des besiegten Ritters fordert. »Du begehst damit keine Sünde, ganz im Gegenteil, denn er ist das treuloseste Wesen, das je existiert hat.« Lancelot denkt nach … »Niemals, nicht ein einziges Mal hat er dem die Gnade verweigert, den er zu Boden gestreckt hat, und wäre es auch sein schlimmster Feind gewesen. Er wird sie ihm also nicht verweigern. Aber wenn er kann, so wird er dem Mädchen geben, was sie fordert. Ritter, sagt er, wenn du deinen Kopf retten willst, so musst du erneut mit mir kämpfen. Ich lasse dich deinen Helm nehmen und deinen Körper so gut wappnen, wie du kannst. Aber wisse, dass du stirbst, wenn ich dich erneut besiege. Einverstanden, sagt der andere.« Lancelot erringt den Sieg rascher als beim ersten Mal. »Verschone ihn nicht, ruft das junge Mädchen. Der Besiegte bittet vergeblich um Gnade. Lancelot durchtrennt die Bänder des Helms und zieht ihn mitsamt der Kapuze darunter ab. Er schlägt zu, der Kopf fliegt durch die Luft, und der Körper fällt zu Boden. Das Fräulein ist zufrieden. Lancelot packt den Kopf an den Haaren und reicht ihn ihr. Sie ist voller Freude.«

Die Kinderjahre des Ritters

Gegner los, den er sich ausgesucht hatte. Er rammte ihn an der linken Seite.

Seit einem Jahrhundert hatte sich diese Form des Kampfs in Nordfrankreich verbreitet. Sie hatte verschiedene Veränderungen des Harnischs mit sich gebracht und vor allem dazu gezwungen, die Sattelbogen zu erhöhen, damit der Reiter fester im Sattel saß. Er bildete nun eine Einheit mit seinem Reittier, das eine immer wichtigere Aufgabe bekam. Das Pferd war nicht mehr nur eine Art gesellschaftliches Unterscheidungsmerkmal und diente nicht mehr hauptsächlich dazu, die feindliche Truppe zu überraschen, sie an ihrer Flanke zu fassen und auseinander zu treiben, bevor die Kämpfer abstiegen, um dann einer gegen den andern zu kämpfen. Um 1175, als Arnoul lernte, entschied der Angriff einer Schwadron von fest mit ihren Schlachtrössern verbundenen Rittern über den Ausgang eines Kampfes, wobei die Lanze nun die Spitze dieser unschlagbaren Streitmacht bildete.

Rüstung und Ausstattung

Diese andere Art zu kämpfen war für die Ritter gefährlicher. Zum besseren Schutz des Körpers waren die drei Verteidigungsteile ihrer Ausrüstung, jene Waffen, die Arnoul mit den anderen Schildknappen blank rieb und während des Anmarschs trug, verstärkt worden und damit schwerer: Sie wogen jetzt etwa dreißig Kilo. Nachdem der Krieger eine dicke Polsterung angelegt hatte, die dazu diente, die Schläge zu dämpfen und das Reiben des Metalls zu mildern, zog er das »Kettenhemd« an, ein Hemd aus Metallmaschen. Ursprünglich hatte es nur den Oberkörper umhüllt, inzwischen war es länger geworden und hatte das Aussehen eines geschlitzten Kleides angenommen, das bis zu den Oberschenkeln reichte und von einem Gürtel zusammengehalten wurde. Danach wurden ihm noch Ärmel, Beinschienen, Fäustlinge und eine Kapuze angelegt, die Hals und Schädel umschloss.

Rüstung und Ausstattung

Der derart vom Kopf bis zu den Füßen in Eisen gehüllte Krieger zog ein leinenes Übergewand darüber, um nicht vor Hitze zu sterben. Im letzten Moment, unmittelbar bevor es gegen den Feind ging, setzte ihm sein Schildknappe den Helm auf, den er mit Riemen, die durch Ringe geführt wurden, am Kettenhemd befestigte. Die meisten Helme waren noch kegelförmige Metallhelme, die auf der Vorderseite, vor dem Gesicht, durch eine rechteckige Platte, die »Nasendecke«, verlängert wurden. Aber sie wurden rasch verbessert, genau wie in unserer Zeit die Motorradhelme, die innerhalb weniger Jahre zu Integralhelmen wurden. In Arnouls Jugendzeit sah man bereits die ersten Helme, die den Kopf vollständig in einer Art Gehäuse umschlossen, das nur über einen schmalen Sehschlitz verfügte.

Schließlich schützte der Turnierkämpfer sich noch mit seinem Schild. Der Schild war ein gebogenes Holzdreieck, das ziemlich groß war, um den ganzen Körper abzuschirmen, und ziemlich dick, um den Lanzenstößen standzuhalten. Es war der schwerste und unhandlichste Teil der Rüstung. Aus diesen Teilen bestand die Ausrüstung, die Arnoul feierlich überreicht werden sollte, sobald er beweisen würde, dass er sie benutzen konnte.

51

Die Erziehung des Geistes

Zu diesem Zweck musste er seinen Körper trainieren, aber er musste auch einen Plan aufstellen, Risiken abwägen, und außerdem würde er nicht immer kämpfen müssen, wenn er eines Tages Ritter wäre; am Hof seines Herrn würde er dann eine gute Figur machen, sich geziemend verhalten, kluge Ratschläge geben, auf angenehme Weise von lustigen oder ernsten Dingen reden, fröhlich sein müssen – mit einem Wort: liebenswürdig. Zu der Ertüchtigung des Körpers kam daher notwendigerweise noch die Erziehung des Geistes und des Herzens hinzu. Erstere erfolgte vorwiegend im Freien, letztere vor allem im Großen Saal, im Innern des Hauses. Der Burgherr leitete auch diesen Teil der Ausbildung. Sein Hof war eine Schule, er war ihr Lehrer.

Seine Frau half ihm dabei, wie auch die Priester des Hauses, die von Zeit zu Zeit daran erinnerten, dass ein guter Ritter seine Waffen für die gute Sache einsetzen sollte. Diese Männer konnten lesen, der Herr im Allgemeinen nicht. Graf Baudoin war Analphabet. Dennoch besaß er in der Burg von Guînes Bücher und rühmte sich ihres Besitzes. Neben den Büchern, die die Kaplane benutzten, um die Messe zu lesen und die Psalmen zu singen, gab es Werke der christlichen Moralslehre sowie andere, die sich mit den Geheimnissen der Natur befassten oder Geschichten erzählten. Letztere waren in der romanischen Volkssprache verfasst, der Sprache, die am Hof des Königs und aller Höfe der Fürsten in Nordfrankreich gesprochen wurde und die der Vorläufer des heutigen Französisch war. Die meisten Bücher allerdings – so wie das, das Lambert später zum Lob von Arnoul und seiner Familie schrieb – waren in der Sprache der Gelehrten und Priester verfasst, auf Lateinisch.

Bücher

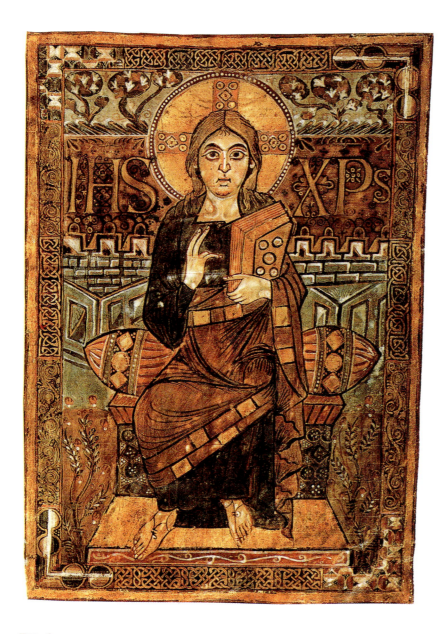

LESEN ODER
ZUHÖREN
Bücher waren Zeichen für Reichtum, häufig gab es in der Bibliothek des Lehnsherrn eine ganze Reihe davon. Auch wenn er selbst nicht lesen konnte, schätzte er es doch, wenn die Lese- und Schreibkundigen auf der Durchreise — Priester oder Gelehrte — seine Werke bewunderten und ihm bisweilen abends im Familienkreis vorlasen. (Godescalc-Evangelistar, 9. Jh.)

Bücher

Die Bücher wurden langsam und sorgfältig mit der Hand auf schöne Pergamentblätter geschrieben, sie waren sehr kostbar und sehr teuer, und die Sammlung von Graf Baudoin war bescheiden. Aber er vergrößerte sie, indem er ein Buch in einem benachbarten Kloster abschreiben ließ oder einen gelehrten

53

Die Kinderjahre des Ritters

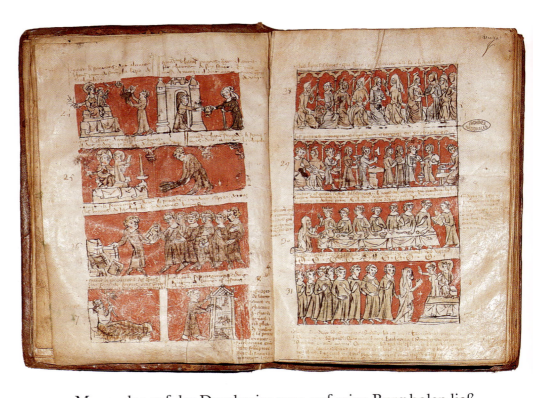

Buchmalereien
Diese Illustrationen eines Buches aus dem 12. Jahrhundert erinnern stark an unsere heutigen Comics. Sie zeigen Szenen aus dem Alltagsleben der Studenten.

Mann, der auf der Durchreise war, auf seine Burg holen ließ, ihn eine Zeit lang beherbergte und gut versorgte und im Austausch für die Gastfreundschaft darum bat, ein neues Buch für ihn zu verfertigen. Abends befahl er, ein Buch zu holen und ein paar Seiten daraus vorzulesen. Zu jener Zeit war »Lesen« ein bisschen wie für uns heute eine Theateraufführung. Die ganze Hausgemeinschaft versammelte sich um einen, der vorlas und übersetzte, meistens einen Kleriker. Man sah ihm zu, hörte ihm zu, wie er das Latein in die romanische Volkssprache übersetzte und sehr langsam vortrug, damit er verstanden wurde und alle Zuhörer ihm folgen konnten.

Wort und Gedächtnis

Von Zeit zu Zeit unterbrach der Hausherr den Vorleser, bat um Erklärungen, brachte Einwände vor. Dann begann eine Diskussion. Bei solchen Debatten erregte Graf Baudoin offenbar die Bewunderung der Anwesenden. Sein Gedächtnis galt als bemerkenswert. Er behielt einen großen Teil seiner Bücher im Kopf, zusätzlich zu all dem, was ihm seine durchreisenden Gäste erzählt hatten und was er an den Fürstenhöfen gehört hatte, die er regelmäßig besuchte.

Manchmal empfing er auch fahrende Sänger bei sich. Ihr Beruf bestand darin, den Adel zu zerstreuen. Sie waren Akrobaten, Tänzer und Musiker zugleich, zogen von Burg zu Burg und trugen die Verse vor, die die großen Schriftsteller für die höchsten Herren gedichtet hatten. Auch die fahrenden Sänger konnten nicht lesen und bewahrten die Texte im Gedächtnis auf. Die Worte wurden gesungen, das half, sie besser zu behalten, und ihr Vortrag wurde von Musik begleitet. Lieder und Tänze prägten das Leben der Ritter. Durch Gesang und Tanz fühlten sich die Angehörigen des Hausverbands, die Kampfgefährten oder die Kirchengemeinde noch enger vereint, und die Musik half dabei, das Wissen weiterzutragen. Auf diese Weise lernte Arnoul viele Dinge am Hof des Grafen von Flandern, aber Lesen lernte er nicht. Später, als Erwachsener, nahm er, wenn schlechtes Wetter ihn hinderte, durch Felder und Heide zu reiten, kein Buch zur Hand, sobald er sich langweilte, sondern forderte seine Gefährten auf, Geschichten zu erzählen. Jeder hatte einen Vorrat an Geschichten im Kopf. Der eine, Robert de Coutances, erzählte von den Abenteuern der römischen Kaiser und von König Artus, ein anderer, Philippe de Montgardin, von den Abenteuern der Kreuzfahrer; Gautier du Clud wiederum wusste alles zu erzählen, was einst im Hause von Arnoul und in der Gegend geschehen war. Sie erzählten abwechselnd. Ihre Geschichten schilderten – genau wie die gesungenen Verse der fahrenden Sänger und die vorgelesenen Texte der Priester – bewundernswerte Persönlichkeiten. In den Taten dieser

Wort und Gedächtnis

TROUBADOURE UND GAUKLER
Die fahrenden Sänger ziehen von Burg zu Burg und müssen von den Heldentaten der großen Herren singen können, sie müssen tanzen, jonglieren, Bären dressieren können und je nach Laune des Publikums die Anwesenden zum Lachen oder Weinen bringen. Immer müssen sie dem jeweiligen Gastgeber, den Damen seiner Umgebung und den Rittern, die sich gerade auf der Burg befinden, gefallen. (Troparium aus der Gegend von Auch, Südfrankreich, Mitte des 11. Jhs.)

Die Kinderjahre des Ritters

Helden verkörperte sich die Moral des Rittertums. Wenn die Heranwachsenden der Beschreibung der Taten lauschten, träumten sie davon, ebenfalls Heldentaten zu vollbringen, sobald sie eines Tages mit Waffen ausgerüstet sein würden, und es den tugendhaften Helden gleichzutun.

Rittertugenden

TAPFERKEIT
Ein Ritter steht auf den Schultern eines Knechts und bekämpft einen Drachen, das Symbol für das Böse auf der Erde. Solche Helden-taten stehen häufig im Mittelpunkt der Geschichten der mitterlalterlichen Erzähler. Für uns gehören sie zu den Quellen, aus denen wir das Leben der Ritter kennen. Ritter, Drache und Knecht bilden den Buchstaben R eines Abschnitts der Moral von Hiob. *(Manuskript aus dem 12. Jh.)*

An einem Frühlingstag des Jahres 1219 saß König Philipp August nach dem Mittagessen im Kreis seiner Freunde. Da tauchte ein Bote auf und verkündete den Tod von Guillaume le Maréchal. »Ich habe keinen treueren Ritter gekannt«, sagte der König. Unter den Anwesenden war auch Guillaume des Barres, der ein Jugendfreund von Philipp und ein großer Kriegsherr war. Seiner Ansicht nach hatte sich zu seiner Zeit niemand tapferer gezeigt als der Maréchal, der beste Kenner des Waffenhand-werks, und Jean de Rou-vray fügte hinzu: »Sire, ich glaube, er war der besonnenste aller Ritter.« Diese drei Worte, Treue, Tapferkeit und Besonnen-heit, fassen die Werte des Rittertums zusammen.

Treue

Der Ritter ist zunächst ein Kämpfer, der Krieg erfolgt in Mannschaften, der Ritter muss also vor allem anderen aufrichtig, rechtschaffen und pflichttreu sein. Um einen Feind wie einen Hirsch im Wald zu umstellen, muss man sich auf seine Waffenbrüder verlassen und sicher sein können, dass keiner von ihnen kneift, mitten im Getümmel flieht, etwa eine andere Beute verfolgt oder umschwenkt und ins andere Lager überläuft. Die erste Pflicht des Ritters ist also, Wort zu halten. Wenn er die Treue bricht, die er geschworen hat, dann ist es um sein Ansehen geschehen. Man wird mit dem Finger auf ihn zeigen, er wird sich, bedeckt von Schande und von der Gesellschaft der Recken zurückgewiesen, zurückziehen. In allen Situationen muss sich ein Ritter verlässlich und treu gegenüber den Männern zeigen, denen er durch das Blut oder den Schwur verbunden ist. Das Rittertum ist eine Bruderschaft, deren Mitglieder einander unverzagt helfen.

Wenn er nicht mit den anderen zusammen ist, ist jeder Ritter ein gefährlicher Mann. Er ist von Kopf bis Fuß bewaffnet, zum Angreifen ausgebildet, stolz auf seine Unabhängigkeit. Er lässt sich nicht bestrafen, wie es mit den Unfreien geschieht, den Untertanen der Lehnsherrschaft. Es gibt nur ein Mittel, seine Wildheit und seine Gier im Zaum zu halten, ihn daran zu hindern, Schaden anzurichten, und ihn zu zwingen, zur allgemeinen guten Ordnung beizutragen: Er muss in ein Netz moralischer Verpflichtungen gegenüber seiner Verwandtschaft, gegenüber seinen Kampfgefährten, gegenüber dem Herrn, dem er den Treueid geleistet hat, eingebunden werden. Man muss ihm unaufhörlich wiederholen, dass die »Felonie«, das heißt der Treuebruch gegenüber dem Lehnsherrn, der Bruch der zahlreichen Verpflichtungen, die ihn umschließen, der größte Fehler ist. Der Frieden basiert auf der Treue. Das ist die wichtigste Rittertugend. Alle Helden der gesungenen Heldendichtungen und der Romane, die Arnoul vorgelesen wurden, alle Vorfahren, deren beispielhaftes Leben ihm ge-

Die Kinderjahre des Ritters

zeigt wird, verstanden es, ihren schlechten Neigungen zu widerstehen und manchmal sogar eher ihr Leben hinzugeben, als Verrat zu üben. Und wenn ein Spielmann von Ganelon erzählte, der mit den Ungläubigen paktierte, um Roland ins Verderben zu stürzen, auf den er eifersüchtig war, dann schrie Arnoul wütend nach Rache.

Tapferkeit

Bild rechte Seite:
KÄMPFEN BIS
ZUM ENDE
Als Roland vom Pferd
gestürzt und damit ver-
wundbar ist, bleibt ihm
nur noch sein Schwert
zur Verteidigung sowie
ein »Olifant«, ein
Horn aus Elfenbein
(»Olifant« kommt
von »Elefant«), um
seine Gefährten zu
Hilfe zu rufen.
Trotzdem bekämpft
Roland den Feind wie
ein wackerer Ritter.
(Les Grandes
Chroniques de
France, 14. Jh.)

Mit dem Wort »Tapferkeit« wurde die Gesamtheit aller körperlichen und moralischen Eigenschaften bezeichnet, die den Heldenmut eines Kriegers ausmachten. Es waren Eigenschaften, die die Jungen im Lauf des langen Drills, den sie während ihrer Jugend über sich ergehen ließen, ebenfalls erwerben wollten. An erster Stelle stand die reine Muskelkraft, die es ermöglichen sollte, die märchenhaften Leistungen nachzuahmen, die Guillaume d'Orange und seinen Gefährten in den Heldenepen zugeschrieben wurden. In den Beschreibungen saßen die Helden hoch zu Pferde, wateten im Blut ihrer Feinde und spalteten mit einem einzigen Schwerthieb einen Sarazenen vom Helm bis zum unteren Rand des Kettenhemdes. Nicht weniger zählte jedoch die Seelenstärke, der Mut des Ritters, der im Galopp gegen die feindlichen Lanzen losstürmte oder loszog, um geheimnisvollen und noch viel furchtbareren Gefahren zu trotzen, die ihn in der mit Drachen, Feen oder Zauberern bevölkerten Natur erwarteten. Die jungen Männer wussten, dass sie dem Tod genauso entschlossen entgegentreten mussten wie Roland, dass sie vielleicht genau wie er eines Tages gezwungen sein würden, ihr nutzlos gewordenes Schwert zu zerbrechen, damit es nicht in unwürdige Hände fiele, bevor sie ganz allein, inmitten von Gefallenen, ihre Seele Gott anvertrauen und sterben würden.

Tapferkeit

Der Tod Rolands

Der unbekannte französische Autor des Rolandsliedes beschreibt den Tod des Helden folgendermaßen:

Der verwundete Roland ist ohnmächtig geworden. Ein schöner, starker und mutiger Sarazene, der sich inmitten der am Boden liegenden Krieger tot gestellt hatte, nähert sich ihm: »Roland spürt, dass ihm jemand sein Schwert wegnimmt. Er öffnet die Augen und sagt: ›Ich glaube wohl, dass du nicht zu den unseren gehörst.‹ Er nimmt sein Horn, von dem er sich niemals trennt, und versetzt dem Sarazenen einen Schlag auf seinen vergoldeten Helm. Dabei zerschlägt er den Stahl, den Kopf und die Knochen zugleich. Durch den Schlag springen die beiden Augen aus dem Kopf, und er stößt den Toten zu Boden.« Roland spürt, wie er erblindet. »Er nimmt alle Kraft zusammen und steht auf. Sein Gesicht hat jede Farbe verloren. Wütend schlägt er mit dem Schwert zehn Mal auf den grauen Fels vor ihm. Der Stahl ächzt, ohne jedoch zu brechen oder schartig zu werden. ›O hehre Jungfrau‹, sagt der Graf, ›steh mir bei! O Durandal, mein gutes Durandal, was für ein Unglück für dich. Dank deiner Hilfe habe ich in so vielen Schlachten gewonnen, habe so viele weite Ländereien erobert, die Karl in Besitz hat, dessen Bart weiß geworden ist. Kein Mann, der je vor einem anderen die Flucht ergriffen hat, soll dich besitzen, dich, mein Schwert, das ein treuer Vasall so lange getragen hat!‹« Roland begreift, dass er das Schwert niemals wird zerbrechen können ... »Er spürt, wie der Tod von ihm Besitz ergreift, und langsam senkt sich sein Kopf zu seinem Herzen hinab. Er ist unter eine Pinie gelaufen und hat sich dort ins grüne Gras gesetzt. Er hat das Schwert und das Horn unter sich gelegt. Er hat den Heiden den Kopf zugewandt. Dies hat er getan, damit Karl und die seinen sagen, dass der edle Graf siegessicher gestorben ist.«

Die Kinderjahre des Ritters

IMMER EIN GUTER SPIELER SEIN
Dieses Spiel, das an Backgammon oder einen Vorläufer davon erinnert, wird mit drei Würfeln und Spielsteinen für jeden Spieler gespielt. Die Jungen, die ihre Ritterlehrzeit absolvieren, werden zum Spiel gedrängt, um zu lernen, unkontrollierte Reflexe und Wut zu beherrschen. (Ausschnitt aus dem Livre des jeux *von Alfons dem Weisen (1282), aufbewahrt in der Bibliothek des Escorial, Spanien.)*

Besonnenheit und Maß

Neben Roland dem Tapferen stand wie ein Schutzgitter, das ihn zurückhielt, Olivier der Besonnene, und die Freunde von Philipp August priesen an Guillaume le Maréchal genau dieses Gleichgewicht zwischen Tapferkeit und Besonnenheit. Die zweite Tugend war eine notwendige Ergänzung der ersten. Ohne sie wäre das Rittertum in Gewalt und Chaos abgeglitten. Den Knappen wurde also beigebracht, das Übermaß an Wut, Neid, Hass und Habgier im Zaum zu halten, um auch in der Hitze des Gefechts Herr über sich selbst zu bleiben, Maß zu halten, nur zu reden, wenn sie an der Reihe waren, Älteren den Vortritt zu lassen, den Anstand zu respektieren. Das Schachspiel spielte eine wichtige Rolle als Übung für geistige Gewandtheit und ruhige Überlegung. Das Streben nach Besonnenheit führte schließlich auch zur Pflege zweier weiterer Tugenden, bei denen die Helden aus den Legenden den künftigen Rittern beispielhaft vorangingen: »Großzügigkeit« und »Höflichkeit«.

Um das Jahr 1180 kam immer mehr Geld in Umlauf – das galt ganz besonders für die Städte, in denen Arnouls Herr, der Graf von Flandern, seinen Hof hielt. Diese Entwicklung war eine Revolution, die die bestehenden Verhältnisse bedrohte. Die Krieger fanden es skandalös, dass Bauern durch Handel reich werden und dank der Geldmünzen, die sie in ihren Truhen anhäuften (in Nordfrankreich hießen sie »Deniers«), mehr Macht und Ansehen bei den Fürsten erwerben konnten als sie. Sie fühlten sich in ihren Privilegien bedroht. Früher, in einer ländlichen Welt, in der Besitz unveränderlich war, war ihnen ihre Überlegenheit unerschütterlich erschienen. Jetzt wurde sie erschüttert. Die Ritter wehrten sich. Nicht, indem sie mit den Händlern wetteiferten und ebenfalls anfingen zu sparen, sondern indem sie im Gegenteil das Sparen als verachtenswert anprangerten, als eines wohlgeborenen Herrn unwürdig, und indem sie dazu anleiteten, nichts zu bewahren, sondern auszugeben, ohne zu rechnen.

EIN DENIER AUS LAON
Der Geldkreislauf kommt immer stärker in Gang. Jede Münze (hier ein Denier, eine alte französische Münze) wird von Hand geschlagen und graviert und erhält das Bildnis des Königs oder Fürsten, der sie in Auftrag gegeben hat. Häufig behalten die Besitzer der Münzen ein wenig Gold oder Silber davon ein: Die Händler zählen und wiegen sie, um sicher zu sein, dass sie richtig bezahlt worden sind.

Freigebigkeit und Höflichkeit

Der wahre Adlige ließ sich also an seiner Freigebigkeit, an seiner Verschwendung erkennen. Die Moral des Ordens, den die Ritter bildeten, zwang dazu, sich nicht an Reichtümer zu klammern. In diesem Punkt entsprach sie der Moral eines ganz anderen Ordens, des Ordens der Zisterziensermönche, der am Ende des 12. Jahrhunderts einen außerordentlichen Aufschwung erlebte. Diese Mönche lebten in abgelegenen Abteien in Armut. Viele Ritter lockte das Ideal der Entsagung, und sie schlossen sich den Mönchen an. Manche strebten nach stärkerer Vollkommenheit und bega-

Die Kinderjahre des Ritters

*HÖFISCHE LIEBE
Die höfische Liebe unterliegt strengen Regeln: Indem der Ritter so vor seiner Dame niederkniet, stellt er sich in ihre Dienste, genau wie er sich in die Dienste seines Herrn gestellt hat. So zeigt Guillaume de Machaut, ein Dichter des 14. Jahrhunderts, die höfische Liebe in seinen* Nouviaus Dis amoureux.

ben sich tief in die Wälder, um dort als Eremiten zu leben. Aber auch die Krieger, die nicht so weit gingen, ihren Beruf nicht aufgaben und weiter durch die Welt ritten, fühlten sich verpflichtet, sich der Silberstücke zu entledigen, sobald sie in ihre Geldkatze gewandert waren. Sie verbreiteten und verteilten sie freudig an ihre Umgebung. Auch hier erschien Guillaume le Maréchal als ein Vorbild. Er war unbesiegbar und verdiente viel, indem er andere Ritter gefangen nahm und sie zwang, ihm ein Lösegeld zu bezahlen. Aber alles Geld, das ihm zufloss, gab er seinen Freunden, damit sie mit ihm feierten; außerdem verweigerte er armen, schlecht ausgerüsteten oder vom Pech verfolgten Rittern nie die Hilfe seiner Börse.

Seit einiger Zeit forderte man von den Rittern schließlich auch noch eine weitere, neue Tugend, die Höflichkeit. Wenn sie das Schlachtfeld verließen, um sich an den Hof zu begeben, so mussten die Ritter sich dort gut benehmen, sie mussten sich »höflich« zeigen (der Begriff stammt vom Wort »höfisch« ab,

Freigebigkeit und Höflichkeit

vom Verhalten am Hof), vor allem den adligen Damen gegenüber, die von Zeit zu Zeit aus der Kemenate kamen und sich zu ihnen gesellten. Die Knappen waren dazu aufgerufen, die Sitten von Tristan, Lancelot, Iwein oder den sagenhaften Rittern der Tafelrunde nachzuahmen. All diese Romanfiguren waren einer Dame zugetan und bemühten sich, deren Liebe zu gewinnen. Sie stellten ihre Tapferkeit vor ihr zur Schau, sie dienten ihr treu, wie ein Vasall seinem Herrn dient, und stellten sich den größten Gefahren, um die Dame zu schützen oder sie zu beeindrucken. Die Knappen strebten zunächst danach, der Frau ihres Herrn zu gefallen. Deren Aufgabe war es, ihnen gute Manieren beizubringen. Sie übten sich im Singen und im Tanzen, um auf diese Weise die Wertschätzung und die Gunst der Damen und Fräulein zu gewinnen. Später als Ritter würde die Gewandtheit bei den Spielen ihre Bedeutung und ihren Ruhm mehren und den Abstand zu den Unfreien deutlich machen, zu den Bauern und den reich gewordenen Bürgern.

63

DAS ABENTEUER

Die Schwertleite

Es gab ein Datum, das kein Ritter jemals vergaß, Guillaume le Maréchal ebenso wenig wie hundert Jahre zuvor der Graf von Anjou, Foulques Réchin: den Tag seiner Aufnahme in den Ritterstand. Das war der schönste Tag seines Lebens. Man schrieb den 24. Mai 1181, es war Pfingsten, als Arnoul zum Ritter geschlagen wurde. An diesem Sonntag erhielt er die Ausrüstung eines Ritters. Er war

DER NEUE RITTER
Nachdem er zunächst Page, dann Knecht und schließlich Schildknappe gewesen ist, wird dieser etwa fünfzehnjährige junge Mann gleichzeitig mit mehreren seiner Gefährten zum Ritter. Im Lauf einer Zeremonie händigt der Ritter, der ihm alles beigebracht hat, sein Schwert aus, das er um die Taille an seinem Wehrgehenk befestigt. (Ausschnitt aus einer französischen Miniatur, 13. Jh.)

damals etwa zwanzig Jahre alt, und seine »Kinderjahre« waren zu Ende. Bei den sportlichen Wettkämpfen war er durch seine Tapferkeit, seine Freigebigkeit und sein fröhliches Wesen aufgefallen. Mit großem Prunk wurde er in den Kreis der Erwachsenen aufgenommen.

Die Zeremonie fand üblicherweise in dem Haus statt, in dem der junge Mann seine Lehrzeit beendete. Ihm die Waffen auszuhändigen gehörte nicht nur zu den Pflichten des Hausherrn, sondern war zugleich sein Vorrecht, auf das er großen Wert legte. Freilich war dies mit beträchtlichen Ausgaben verbunden, denn der Hausherr musste für das Schlachtross, die Sporen, das Schwert und den Umhang aufkommen und die Feier ausrichten. Das alles war sehr teuer. Andererseits entschädigte ihn der so genannte »neue Ritter« dafür mit lebenslanger Treue, einer Bindung, die ebenso eng war wie die eines Kindes zu seinem Taufpaten. Indem der Herr des Hauses die Jungen, die er ernährt und erzogen hatte, zum Ritter schlug, vergrößerte er die Zahl seiner Getreuen und gewann an Ansehen und Macht.

Die »Waffenweihe«

Philipp, der Graf von Flandern, bereitete sich also darauf vor, Arnoul mit den ritterlichen Waffen zu versehen. Arnoul bat ihn um die Erlaubnis, die Waffen aus den Händen seines Vaters zu empfangen. Er wollte, wie er sagte, seinem Vater dieses Vergnügen bereiten, denn in der Tat übertrugen die Väter gern die Ritterschaft auf ihren ältesten Sohn. Für Baudoin war es ein Herzenswunsch, da er, der Graf von Guînes und Vasall des Grafen von Flandern, auf diese Weise seine Unabhängigkeit von seinem Herrn demonstrieren konnte. Bereits zwanzig Jahre zuvor, am Vorabend seiner eigenen Schwertleite, hatte man es einzurichten gewusst, dass er nicht von dem Lehnsherrn die Waffen erhielt, den er eines Tages beerben würde. Für seine Eltern war die Durchreise des Erzbischofs

Das Abenteuer

von Canterbury durch die Gegend von Vorteil gewesen. Dieser Pate war eine überaus mächtige, aber weit entfernt lebende Persönlichkeit, dessen Macht nicht stören würde.

Graf Baudoin berief also seinen Hof für den kommenden Pfingstsonntag nach Guînes ein. In der Regel wählte man diesen Tag für die Zeremonie der Schwertleite, war es doch das Frühlingsfest, an dem man die Ausgießung des Heiligen Geistes auf Erden feierte. Aus diesem Anlass kehrten alle Brüder Arnouls ins väterliche Haus zurück, um dabei zu sein, wenn ihr Vater dem Erstgeborenen die so genannte »Waffenweihe« erteilte. Es handelte sich dabei wirklich um ein bedeutendes Ritual. Der Junge trat in einen neuen Lebensabschnitt ein, wie zuvor schon bei seiner Taufe oder später bei seiner Heirat oder noch später, wenn er sich vielleicht auf seine alten Tage dazu entschied, sein Leben als Mönch in einem Kloster zu beschließen. Und wie bei diesen anderen Übergängen in seinem Leben legte er feierliche Gelübde ab, was zwangsläufig etwas Heiliges hatte.

Im Dienst Gottes

Bereits seit langer Zeit beanspruchte der Klerus, also der Stand der Geistlichen, wie im Fall der Hochzeitsfeier auch bei der Schwertleite die Leitung der Zeremonie für sich. Im Jahr 1180 hatten die Priester sie in einigen Gegenden bereits in die Hand genommen. Immer häufiger sah man den angehenden Ritter am Vorabend des großen Tages bei einem rituellen Bad, das ihn symbolisch von seinen Verfehlungen reinigte und ihn von allen Resten seines früheren Lebens, derer er sich entledigen sollte, löste. Man sah, wie er die Nacht betend in der Kapelle verbrachte und dann am folgenden Tag das auf dem Altar liegende geweihte Schwert entgegennahm und nun selbst den Segen empfing. Auf diese Weise wurde das Ritual der Schwertleite zu einer Art Weihe. Genau wie die französischen Könige in Reims gelobte der neue Ritter, mit der ihm

66

ausgehändigten Waffe Gott zu dienen und die Schwachen zu beschützen, also Angehörige der Geistlichkeit, Witwen, Waisen und alle Armen.
So erhielt das Rittertum einen neuen und ganz grundlegenden Wert. An die Stelle des ursprünglichen Leitbilds eines selbstherrlichen Mannes, der stolz darauf war, der Stärkste zu sein und sich darin gefiel, sein Geld zu verschwenden und den Damen den Hof zu machen, trat nun das feierliche Gelöbnis, die eigene Macht nicht zu missbrauchen und sich all jener anzunehmen, die sich nicht selbst verteidigen konnten. Durch die Verwandlung der Schwertleite in einen religiösen Ritus und die Unterwerfung unter die göttliche Autorität zog man den unkontrollierbaren Gewaltausbrüchen der Krieger Grenzen und näherte sich jenem Ritterideal an, das die Bischöfe und die Versammlungen 150 Jahre zuvor für den Gottesfrieden durchzusetzen versucht hatten, als den Rittern verboten wurde, das Christenvolk zu drangsalieren, und ihnen auferlegt wurde, ihre Waffen in den Dienst der Mönche und der tätigen Bevölkerung zu stellen.

FAMILIE UND FREUNDE
Die Schwertleite ist ein Fest für alle: Familie und Freunde sind da und begleiten den neuen Ritter. (Ein anderer Ausschnitt aus dem Dokument S. 64.)

Der »Halsschlag«

Der Bericht über die Ereignisse des 24. Mai 1181 stammt zwar aus der Feder eines Priesters, trotzdem wird in der Zeremonie nichts Religiöses erwähnt. Ihr Charakter bleibt durch und durch weltlich. Die immer stärker religiösen Riten, die sich zu dieser Zeit verbreiteten, hatten sich in Guînes noch nicht durchgesetzt. Die einzige dort erwähnte Geste, die als entscheidend für das Spenden des Sakraments der »Weihe« beschrieben wird, ist der Halsschlag. Derjenige, der den Knappen zum Ritter schlug, versetzte ihm mit der flachen Hand einen heftigen Schlag auf den Hals. Eine vergleichbare

Das Abenteuer

Bild rechte Seite:
Gottfried Plantagenet
(1113 — 1151) wurde
in der Kathedrale von
Le Mans beerdigt und
sein Grab mit einer
wunderbaren email-
lierten Platte bedeckt,
die ihn mit dem
Schwert in der Hand
zeigt, dem Zeichen
seiner Macht. Sein
Wappen — goldene
Leoparden auf blauem
Feld — sind auf seinen
Schild und auf seinen
Helm gemalt: Diese
Gewohnheit haben die
Ritter angenommen,
um bei einem Kampf
Freunde und Feinde zu
erkennen. Heute wird
die emaillierte Platte
im Musée Tessé in Le
Mans aufbewahrt.

Die Schwertleite von Gottfried Plantagenet, dem Grafen von Anjou

Gottfried Plantagenet, Graf von Anjou, war der Vater von König Heinrich II. von England, der in der Abtei von Fontevrault neben seiner Frau Eleonore von Aquitanien und seinem Sohn und Nachfolger Richard Löwenherz begraben liegt. Sein Leben wurde um 1180 von einem Mönch namens Jean de Marmoutier in der *Chronik der Grafen von Anjou* wiedergegeben, von der bereits weiter vorn (s. S. 39) die Rede war.

Heinrich I. von England, Herzog der Normandie, war auf der Suche nach einem Mann für seine einzige Tochter Mathilde, der Witwe von Kaiser Heinrich V., dem König von Deutschland. Da kam ihm der Ruhm Gottfrieds, der zu diesem Zeitpunkt fünfzehn Jahre alt war, zu Ohren. Er wusste bereits, dass Gottfried von guter Abstammung war, Vorfahren von großer Tugend hatte, gute Sitten besaß und tapfer im Gebrauch der Waffen war. Heinrich V. schickte Botschafter zu Gottfrieds Vater. »Dieser nahm seine Anfrage günstig auf. Man kam überein, dass sich sein Sohn, der noch kein Ritter war, am nächsten Pfingstfest nach Rouen begeben würde, um dort mit seinen gleichaltrigen Gefährten die Waffen zu erhalten.

Begleitet von fünf Baronen und fünfundzwanzig Gefährten brach Gottfried auf. Der König, der von ihrer Ankunft in Kenntnis gesetzt war, schickte ihnen einige seiner edelsten Vertrauten entgegen, um sie zu empfangen und bis zu seinem Haus zu begleiten. Als sie den Hof vor dem königlichen Saal betraten, stand der König, der sich sonst vor niemandem erhob, auf, ging Gottfried entgegen, nahm ihn in die Arme, bedeckte ihn mit Küssen, als sei er sein Sohn, ergriff seine Hand und hieß ihn sich setzen. Dann begann er eine lange Rede, da er sehen wollte, wie Gottfried antworten würde und ob er gut erzogen wäre. Gottfried war besonnen und hörte aufmerksam auf die Worte des Königs; er antwortete auf nämliche Weise und schmückte seine Sätze mit allem Zierrat der Redekunst. Der König war voller Bewunderung, ergötzte sich an Gottfrieds schöner Sprache, und der ganze Tag verlief in Freude.

Am nächsten Morgen bereitete sich Gottfried bei Tagesanbruch mit einem Bad auf die Zeremonie vor. Als die Diener dem König sagten,

Der »Halsschlag«

dass die Jungen von Anjou vom Bade zurückkehrten, ließ er sie zu sich rufen. Nachdem er sich gewaschen hatte, legte Gottfried ein Leinenhemd an, darüber ein aus Goldfäden gewirktes Überkleid und schließlich einen Purpurmantel. Er zog seidene Strümpfe an und schlüpfte in mit kleinen goldenen Leoparden verzierte Schuhe. All seine Kameraden, die darauf warteten, mit ihm die Ritterwürde zu empfangen, kleideten sich ebenfalls in purpurnes Leinen. Dann zeigten sich alle der Gesellschaft.

Die Pferde werden herbeigeführt, die Waffen verteilt, jeder empfängt, was ihm gebührt. Für Gottfried war ein prächtiges spanisches Pferd vorbereitet worden, das schneller war, so sagte man, als manch ein Vogel. Er legt ein Kettenhemd ohnegleichen an, das aus doppeltem Ringgeflecht geschmiedet und so dick ist, dass es als undurchdringlich für Lanze oder Wurfspeer gilt. Er zieht sich die Eisenstrümpfe an, die ebenfalls aus doppelt geschmiedetem Ringgeflecht bestehen; die goldenen Sporen werden an seinen Füßen befestigt; um seinen Hals wird ein Schild gehängt, das mit goldenen Leoparden bemalt ist. Seinen Kopf umgibt ein Helm, der mit blinkenden Edelsteinen geschmückt und so beschaffen ist, dass ein Schwert ihn weder spalten noch entstellen kann. Man bringt eine Lanze aus Eschenholz, deren Spitze aus Poitou-Eisen ist. Schließlich holt man ihm das Schwert aus dem königlichen Schatz, wo es seit langer Zeit aufbewahrt wurde. Es ist das Werk von Véland höchstpersönlich, des berühmtesten aller Schmiede. Dergestalt ausgestattet, besteigt unser Held, die Blüte der neuen Ritter, mit bewundernswerter Behändigkeit das Pferd. Was bleibt noch zu sagen? Dieser Tag, der ganz der Ehre der Recken und der Freude geweiht ist, wurde gänzlich mit Reiterspielen verbracht, und das Freudenfest dauerte noch sieben Tage in der Umgebung des Königs.«

Das Abenteuer

DER EID
Nachdem der neue Ritter mit seinem Schwert versehen ist, muss er einen Eid auf die Bibel schwören. Umgeben von seinem Paten und seinen Freunden verspricht er vor dem Priester, Gott zu dienen, seinem Herrn treu zu bleiben und die Nicht-Kämpfenden zu schützen. (Italienische Miniatur aus Lancelot du Lac, *Ende 14. Jh.)*

Geste, ein Wangenschlag, findet sich im christlichen Sakrament der Firmung, und der Halsschlag hatte zweifellos eine ähnliche Bedeutung. Es handelte sich dabei um eine symbolische Prüfung, die zeigen sollte, ob der junge Mann die nötige Reife besaß, um zu den Erwachsenen zu zählen, dass er auch in kritischen Situationen seinen Mann stand und über genug Selbstbeherrschung verfügte, um diesen Schlag einzustecken, ohne mit der Wimper zu zucken – es war der einzige, den ein Mann von Stand im Lauf seines Lebens hinnehmen konnte, ohne zurückzuschlagen. Vielleicht nahm man auch an, dass von der Hand des Grafen Baudoin, eines Ritters, auf magische Weise etwas auf Arnoul überging, der durch diese unsanfte Berührung von einem Augenblick zum andern ebenfalls zum Ritter wurde.

Die Aushändigung der Waffen

Auf den Halsschlag folgte die Aushändigung der Waffen. Baudoin legte seinem Sohn das Wehrgehänge um, an dem das Schwert hing, und befestigte die Sporen an seinen Füßen. Nun begann ein ausgelassenes Fest, das von einem Reiterspiel eingeleitet wurde. Der neue Ritter stellte vor den Augen aller seine Geschicklichkeit als berittener Kämpfer unter Beweis, indem er mit einem einzigen Lanzenstoß mehrere Puppen umwarf, die man »quintaines« nannte. Nach ihm waren andere an der Reihe, denn Arnoul war nicht der Einzige, den man zum Ritter geschlagen hatte. Wie es Brauch war, erhielten gleichzeitig mit Arnoul auch andere ihre Ausrüstung. An diesem Tag schlug Graf Baudoin drei weitere Jungen zu Rittern. Zwei von ihnen waren bei und von ihm erzogen worden. Der dritte, Eustache de Salperwick, war mit Arnoul, mit dem ihn eine enge Freundschaft verband, vom flämischen Hof gekommen. Häufig streiften die Ritter zu zweit durch die Welt, wie die unzertrennlichen Freunde Roland und Olivier.

Ein Freudenfest

Den ganzen Tag über wurde geschlemmt. Arnouls Vater hatte bei diesem Freudenfest keine Kosten gescheut. Auch Arnoul zeigte sich freigebig und verteilte all sein Geld unter den zum Fest herbeigeeilten Minnesängern, fahrenden Sängern, Spielleuten und Narren, damit sie ihn nach dem Fest in der ganzen Gegend lobten. Am Tag darauf begab er sich von Guînes nach Ardres, in die Burg, in der er auf die Welt gekommen war und die er von seiner vier Jahre zuvor verstorbenen Mutter geerbt hatte. Als schwerttragender Ritter war er nun in der Lage, die Burg in seinen Besitz zu nehmen, und sein Vater musste sie ihm überlassen. Unter Glockengeläut, den Gesängen der Priester und den Jubelrufen des Volkes wurde er in der Kirche und auf der Burg als neuer Herr empfangen.

Das Abenteuer

Allerdings blieb er nicht lange dort. Der Brauch verlangte, dass der Ritterpate dem frisch gebackenen Ritter die Möglichkeit gab, zwei Jahre lang von Turnier zu Turnier zu ziehen, um den Ruhm des Hauses zu mehren, dem er entstammte und dessen Farben er trug; sie zierten seinen Wappenschild und waren auf seinen Überwurf gestickt. So kam es, dass die jungen Ritter umherzogen, »ausfuhren« wie die Helden der

---

Die Gastfreundschaft

Eine Episode aus der Fahrtenzeit des Ritters Lancelot, nach Chrétien de Troyes:

»Eines Abends sah Lancelot einen Ritter, der mit dem Helm auf dem Kopf auf einem großen Jagdpferd aus dem Wald zurückkehrte, wo er gejagt hatte; bei sich hatte er das Wild, das er mit Gottes Hilfe erlegt hatte. Der Ritter ritt ihm entgegen und bat ihn, in seinem Hause einzukehren: ›Sire, sprach er, die Nacht bricht bald herein, und es ist Zeit, ein Quartier für die Nacht zu suchen. Mein Haus ist ganz in der Nähe, ich werde Euch hinführen. Euer Lebtag werdet Ihr keine gastlichere Herberge finden, und Ihr würdet mir mit Eurer Anwesenheit eine große Freude machen. – Die Freude ist ganz auf meiner Seite, erwiderte Lancelot.‹ Der Ritter sandte seinen Sohn voraus, um das Quartier zu richten und die Köche anzutreiben. Er selbst und Lancelot folgten in gemächlichem Schritt. Der Ritter hatte eine Gemahlin von ausgesuchter Höflichkeit, fünf innig geliebte Söhne, von denen zwei bereits Ritter waren, sowie anmutige und schöne Töchter, die noch unverheiratet waren ... Er führte Lancelot in den

AUFNEHMEN, BEHERBERGEN UND BEWIRTEN
So lauten die Pflichten des Gastgebers. Während ein Reisender sich am Feuer wärmt und neben ihm auf einem kleinen Tisch etwas zu trinken für ihn steht, fährt die Dame des Hauses mit ihrer Arbeit fort: Sie spinnt und bereitet die Garnknäuel vor, um die für den Hausverband nötigen Kleider zu weben.

Ein Freudenfest

Ritterdichtungen, zu Pferde unterwegs von einem Land zum anderen. Niemand durfte ihnen die Gastfreundschaft verweigern. Sie konnten sich darauf verlassen, jeden Abend von einem Edelmann in dessen Haus aufgenommen und von den Töchtern des Gastgebers auf das Angenehmste umsorgt zu werden.

Hof, wo ihnen die Dame des Hauses mit ihren Söhnen und Töchtern entgegenkam. Alle waren sie um sein Wohl bemüht, begrüßten ihn und halfen ihm beim Absteigen von seinem Pferd. Sie behandelten ihn mit Respekt und hießen ihn freudig willkommen. Als sie ihm aus der Rüstung geholfen hatten, nahm eine der beiden Töchter ihren eigenen Umhang und legte ihn dem Ankömmling um die Schultern. Man kann sich leicht vorstellen, wie man ihm beim Nachtmahl begegnete. Nach dem Essen entspann sich ein angeregtes Gespräch. Wer er sei und aus welchem Land er komme, wünschte der Ritter von seinem Gast als Erstes zu erfahren.«

Das Abenteuer

Gemeinsame Streifzüge

Arnoul ging als Anführer einer kleinen Schar auf Fahrt. Begleitet wurde er von seinem Freund Eustache und einigen jungen Leuten aus der Umgebung, die sich ihnen angeschlossen hatten. Baudoin war misstrauisch, fürchtete er doch, dass sein Sohn den Geldvorrat verschleudern würde, den er ihm für seine Fahrt mitgegeben hatte.

Auf Anraten seines Herrn, des Grafen von Flandern, vertraute er Arnoul einem alten Ritter an, der für seine Besonnenheit und Erfahrung bekannt war. Ihm wurde aufgetragen, den jungen Krieger genau im Auge zu behalten und ihm mit seinem Rat dabei zu helfen, sich im Wettkampf noch zu verbessern. Da sich dieser Mann allerdings nicht persönlich um Arnoul kümmern konnte, ließ er sich von einem seiner Neffen vertreten, den er für einen guten Begleiter und Ratgeber hielt. Dieser war allerdings ein leichtsinniger Mensch. Völlig sich selbst überlassen, vernachlässigte Arnoul in seinen Ritterlehrjahren alles, was nicht der Befriedigung seiner Eitelkeit und seiner Vergnügungssucht diente. Sein eigensinniger und unsteter Charakter ließ ihn jahrelang durch die Provinzen irren. Er lebte von einem Tag auf den andern, jagte dem Ruhm hinterher und ließ keine Gelegenheit aus, sich als Kämpfer hervorzutun.

*DIE AUSFAHRT
Gewöhnlich »fuhren« die neuen Ritter mit einem oder mehreren Gefährten zunächst eine gewisse Zeit lang »aus«, sie zogen umher, um ihr Ansehen zu mehren. Roland, der Held des Rolandsliedes, hatte einen Freund, Olivier, der ebenso ritterlich war wie er und mit dem er umherzog und kämpfte. (Miniatur aus der so genannten Manerius-Bibel, 12. Jh.)*

Die Freude am Kämpfen

GEMEINSAMKEIT Die Ritter sind vor allem Krieger und sind es gewohnt, ganze Tage in der Gruppe auf dem Pferd zu verbringen. Im Winter herrscht zwar Waffenruhe, das ganze restliche Jahr jedoch sind sie mit Kämpfen beschäftigt – aus den verschiedensten Gründen. (Miniatur vom Ende des 13. Jhs.)

Die Freude am Kämpfen

Die Ritter sahen im Krieg ihren Lebenszweck. Im 12. Jahrhundert war Krieg ein Dauerzustand. Die Ritter verbrachten jeden Sommer mit Kämpfen. Ein Anlass fand sich stets, zum Beispiel ein Streit zwischen zwei Lehnsherren um eine Heirat oder eine Erbfolge. Der Herausforderer suchte seinen Widersacher auf und beleidigte ihn, indem er ihm den Handschuh ins Gesicht schleuderte.

Das Abenteuer

Die Einnahme einer Burg

Um das Jahr 1155 – einige Jahre vor Arnouls Geburt – schrieb ein unbekannter Autor die Geschichte der Herren von Amboise nieder. Er berichtet, wie einer von ihnen, Sulpice, der Herr der benachbarten Burg von Chaumont, die Burg von Motte-Foucoi eroberte, eine der drei Burgen auf der Anhöhe von Amboise, die Foucoi, der Mann seiner Schwester, erbaut hatte:

»Eines Tages ergriffen die Jäger von Chaumont in den Wäldern Foucoi mit seinen Hunden, Pferden und dem Wild, das er erlegt hatte. Sie legten seine Kleider an, bestiegen seine Pferde und näherten sich mit den Hunden und der Jagdbeute Foucois Wohnstätte in Amboise. Sie begehrten Einlass, indem sie ins Horn stießen, und gaben vor, dass Foucoi ihnen folge. Sulpice lag ganz in der Nähe mit einer Schar von Gefährten im Versteck, während Geoffroy, der Herr einer anderen Burg von Amboise, mit zwanzig Begleitern in den Schutzgräben des Burghügels lauerte. Die Männer von Foucoi öffneten die Tore, da sie glaubten, ihr Herr kehre zurück, und da sie dessen Pferde und Hunde erkannten. Die Männer von Chaumont stürmten unter Gebrüll hinein. Geoffroy folgte ihnen auf dem Fuß, tötete die Torwache und verkündete vom Dach des Hauses herab mit einem Stoß ins Jagdhorn die Einnahme der Burg. Sulpice eilte herbei, ließ den Graben mit Erde und Steinen auffüllen und machte den Burghügel dem Erdboden gleich.

Der alte Foucoi und sein Sohn verwüsteten daraufhin das Gebiet von Chaumont. Sulpices Ritter erstürmten den Fels, bei dem sich Foucoi der Jüngere versteckt hielt, und ergriffen diesen. Die Ritter nahmen ihn als Gefangenen mit, doch die zu Fuß kämpfenden Bauern entrissen ihn ihren Händen und schlugen ihm das Haupt ab.«

Ständige Fehden

Um seine verletzte Ehre wiederherzustellen, trommelte jeder seine Verwandten und Freunde zusammen. Zwei feindliche Lager formierten sich. Allerdings kam es nur selten zu einer geordneten Feldschlacht. Krieg zu führen bestand im Wesentlichen darin, das Territorium des Gegners zu verwüsten, die Ernte zu zerstören, das Vieh einzufangen, zu plündern und mit Karren voller Beute aus den Dörfern heimzukehren. Man wartete darauf, dass ein Burgherr seine Burg weitgehend schutzlos zurückließ, um den Burghügel zu erstürmen und Palisaden und Turm niederzubrennen. Sobald der Angegriffene zurückkehrte, zog man sich fluchtartig zurück. Die zerstörten hölzernen Schutzwälle waren in kürzester Zeit wieder errichtet. Eines Morgens erblickte Arnouls Großvater, der gerade eine Fehde mit dem Schlossherrn von Bourbourg ausfocht, zu seiner großen Überraschung, dass auf einem vermeintlich kahlen Hügel ein neuer Bergfried emporragte. Sein Widersacher hatte über Nacht die von Zimmerleuten vorgefertigten Schutzmauern errichten lassen.

Gefährliches Fußvolk

Hin und wieder trafen die beiden Truppen aufeinander, unter dem Schutz eines Hinterhalts oder ganz einfach durch Zufall. Dann setzte es einige Schwerthiebe, die jedoch im Allgemeinen keinen großen Schaden anrichteten. Um ihr Leben mussten die Ritter kaum fürchten, waren sie doch durch solide Rüstungen geschützt; vor allem aber untersagte es der Ehrenkodex den Adligen, sich gegenseitig zu töten. Sie riskierten lediglich die Gefangennahme. Man schleppte sie mit der übrigen Kriegsbeute fort und hielt sie fern von ihrer Heimat fest, bis die Verwandten oder Freunde des Ritters das Lösegeld zusammengebracht hatten. Wenn tatsächlich jemand ums Leben kam, geschah dies eher zufällig, zumeist

Bild linke Seite:
DIE ERSTÜRMUNG
EINER BURG
Die materiellen Schäden zählen wenig, solange die Ehre bewahrt bleibt. Befestigte Burgen — die letzte Zufluchtsstätte der Ritter — sind die Hauptziele der Angriffe. Lange Zeit waren sie aus Holz und daher leicht zu zerstören. Nach und nach begann man, sie aus Steinen zu bauen. (Ausgeschmückte Bibel von Guiars des Moulins und Pierre Comestor, Ende 13., Anfang 14. Jh., aufbewahrt im Musée Atger in Montpellier.)

Das Abenteuer

durch die Männer aus dem Volk, die den Reitern zu Fuß folgten. Das Risiko, im Kampf getötet zu werden, lag für das Fußvolk um vieles höher, daher war das Fußvolk auch gefährlicher.

Winterliche Waffenruhe

Wenn sich im Herbst das Wetter zu verschlechtern begann – es war kein Vergnügen, das Regenwasser unter dem Harnisch herabrieseln zu spüren –, hörte der Krieg auf. Man einigte sich auf einen Waffenstillstand oder schloss Frieden. Ein Schiedsgericht trat zusammen, dem Freunde beider Kriegsparteien angehörten, und nach langem Palaver versöhnten sich die Feinde wieder. Man umarmte sich und tauschte den Friedenskuss. Jedes Lager ließ seine Geiseln frei, die sich ihrerseits

---

Kämpfen ist eine Lust

Bertrand (um 1140–1215), der Herr von Born im Périgord, ein Ritter und Minnesänger, besingt das Vergnügen des Kämpfens:

»Ich schätze die Osterzeit, wenn Blattwerk und Blumen zurückkehren, doch nicht minder schätze ich den Anblick der auf den Wiesen aufgeschlagenen Zelte. Mir hüpft das Herz im Leibe, wenn ich auf den Feldern gewappnete Ritter und Pferde zur Schlacht aufgereiht erblicke. Welch Augenweide sind doch belagerte Burgen, die Palisaden zerborsten und niedergerissen. Ich sage euch, weder Speis noch Trank noch Schlummer können sich mit dem Vergnügen messen, den in beiden Lagern erschallenden Schlachtruf ›Zu mir!‹ zu vernehmen, das Wiehern der reiterlosen Pferde und die Hilferufe, die Streiter auf beiden Seiten ins Gras bei den Gräben sinken zu sehen und die Gefallenen, die eine zerborstene Lanze mit ihren kleinen Wimpeln in die Seite bekommen haben.«

verpflichteten, bei einer Verletzung des Friedensvertrags ins gegnerische Lager zurückzukehren, bis die Eintracht wiederhergestellt war. Im nächsten Frühjahr entbrannte dann an einem anderen Ort ein Konflikt. Neue Interessenverbindungen bildeten sich, und das Spiel begann von vorn.

Krieg zu führen war nämlich ein Spiel, die Lieblingsbeschäftigung des Adels. Alle Vorfahren Arnouls hatten dieser Leidenschaft nach Herzenslust gefrönt, und nicht einer hatte dabei sein Leben gelassen. Jeder von ihnen hätte eine Strophe zu dem Loblied beisteuern können, das der Troubadour Bertrand de Born auf die Lust angestimmt hatte, im Sonnenschein aufeinander loszustürmen. Im Winter dagegen herrschte Langeweile. Mit Ungeduld erwartete man die Wiederkehr der Kampfsaison.

Immer auf Streit aus

Immerzu wurde der Schlossherr daher von seinen Rittern bedrängt, sich in den Streit einzumischen, der gerade in der Nachbarschaft wieder aufflammte, und ihn gegebenenfalls noch zu schüren.

Die Aufgabe der Krieger bestand in der Aufrechterhaltung des Friedens, daher war das Volk zur Entrichtung von Steuern bereit, deren Erträge die Ritter unter sich aufteilten. Da der Kampf jedoch ihr Handwerk war und dieses Handwerk sie begeisterte und ihnen Einnahmen brachte, gingen die Gewalttätigkeiten, unter denen der Rest der Gesellschaft zu leiden hatte, in Wirklichkeit von der Ritterschaft aus. Sie war für die Schäden verantwortlich, die den Händlern durch bewaffnete Raubüberfälle auf ihre Wagenzüge entstanden. Die ungehemmte Brutalität der Ritter zwang die Bauern, mit ihren Viehherden andauernd in die Wälder und Sümpfe zu fliehen, um bei ihrer Rückkehr nur noch die Asche ihrer Strohhütten, eine zertrampelte Ernte und abgehackte Weinstöcke und Obstbäume vorzufinden.

Das Duell als Schiedsgericht

Seit den Anfängen des Ritterwesens hatten Kirchenangehörige im Namen der Barmherzigkeit die »Verheerungen« dieses »Heers« angeprangert. Im Jahr 1000 hatten sie geglaubt, den Plünderungen Einhalt gebieten zu können, indem sie die Krieger darauf verpflichteten, vor versammeltem Volk auf die Reliquien der Heiligen zu schwören, das Schwert niemals gegen die schutzlose Bevölkerung zu erheben, gegen Mönche und Priester, Händler, Bauern und Frauen, außerdem nicht an bestimmten Wochentagen – eingedenk der Leiden Jesu Christi – und auch nicht innerhalb der Einfriedung um kirchliche Stätten.

Später hatten die Priester den Versuch unternommen, den neuen Rittern bei der Überreichung der Waffen das gleiche Versprechen abzunehmen. Ihnen zur Seite standen Fürsten, Herzöge und Grafen, die sich bemühten, Ruhe und Ordnung zu erhalten, wie es auch der jeweilige König tat, der an den Eid gebunden war, den er am Tag seiner Salbung abgelegt hatte. In ihrem Herrschaftsbereich mühten sie sich redlich, um zu verhindern, dass die Streitigkeiten, die sich unablässig an Neid und Ehrenhändeln zwischen den Schlossherren und ihren Rittergefolgen entzündeten, sich zu bewaffneten Auseinandersetzungen zuspitzten. Vor dem an ihrem Hof versammelten Adel des gesamten Landes zwangen sie die Streithähne, die sie nicht zu einem Friedensschluss überreden konnten, ihren Streit in einem Zweikampf, einem so genannten »Tjost«, auszutragen. Mit diesem Wort bezeichnete man eine besondere Art von Kampf, bei dem zwei Rivalen, die zu keiner fried-

lichen Einigung gelangt waren, einander auf einem einge-
grenzten Kampfplatz öffentlich gegenübertraten. War einer
der beiden durch sein Alter oder eine körperliche Schwäche
im Nachteil oder handelte es sich gar um eine Frau, die zum
Kämpfen nicht in der Lage war, wurde ein Ritter als so ge-
nannter Vorkämpfer benannt, der an seiner oder ihrer Stelle
kämpfte. Der nun beginnende Kampf dauerte so lange, bis
einer der Kontrahenten sich für besiegt erklärte. Dann verkündete man, dass Gott selbst das Urteil gefällt habe: Indem
er einem der Streiter zum Sieg verhalf, hatte er bekundet, dass
der andere im Unrecht gewesen war. Durch das Duell als
Schiedsgericht wurden zahlreiche Streitigkeiten entschieden
und Anlässe für neue Kriege vermieden.

Das Turnier

Im Lauf des 11. Jahrhunderts kam im Norden Frankreichs ein
anderes Mittel auf, die Rauflust der Ritterschaft im Zaum zu
halten. Die Fürsten richteten an den Grenzen ihrer Provinzen
neuartige Kampfveranstaltungen aus: die Turniere. Anstelle
zweier Einzelpersonen, die Gott um ein Urteil anrie-
fen, trafen bei diesen Begegnungen mehrere starke
Mannschaften aufeinander, die in Form eines
Kampfspiels um den Sieg rangen. Am Ende
des Turniers verliehen die anwesenden
sachkundigen Schiedsrichter Preise
an die besten Wettkämpfer.

*WEHE DEM
BESIEGTEN!
Um seine Unschuld zu
beweisen, ging nichts
über einen Zwei-
kampf. Nach hinten
zu fallen oder einfach
nur zurückzuweichen
war das Zeichen für
Schuld. (Französi-
sches Manuskript
aus dem 14. Jh.)*

Das Abenteuer

Bild rechte Seite:
DIE GROSSEN
VORFAHREN
In den Ritter-
familien erzählte
man sich die
Großtaten der
Vorfahren.
Von den ältesten
kannte man nur
noch die Namen,
aber man schrieb
ihnen Helden-
taten zu, um den
Ruhm der Ahnen-
reihe noch zu
vergrößern. Diese
Darstellung eines
komplett ausge-
rüsteten Ritters
schmückt einen
prunkvollen
Steinsarg aus
dem Jahr 1292,
der im Musée des
Augustins in
Toulouse auf-
bewahrt wird.

Das Gottesurteil

Mit großer Pietät pflegten die Grafen von Anjou das Andenken an Enjeuger, einen ihrer Urahnen. Der Mönch Jean de Marmoutier, der die Geschichte dieser Familie zu Papier brachte – wiederum in der *Chronik der Grafen von Anjou* –, beschreibt in den folgenden Worten eine der Enjeuger angedichteten Heldentaten:

»Bei seinem Tode ließ der Herr von Château-Landon, Graf des Gâtinais [eine Region südöstlich von Paris], seine Tochter Adèle als Alleinerbin zurück. Aufgrund ihres jugendlichen Alters geriet sie, wie es Brauch war, unter Schutz und Macht des Königs von Frankreich, des Herrn ihres Vaters. Nun gedachte der König, seinen Kämmerer, denjenigen unter seinen Dienern, dem die Verwaltung des Staatsschatzes oblag, für gute Dienste zu belohnen. Dieser, Sohn eines Vasallen des Grafen des Gâtinais, war ein ansehnlicher Mann von untadeligem Lebenswandel und großem Scharfsinn. Der König entschied, ihm zusammen mit Château-Landon die Hand von Adèle zu geben, die gerade zwölf Jahre alt geworden war. Auf sein Drängen erwiderte sie: ›Mein königlicher Gebieter, es widerspricht Anstand und Gerechtigkeit, mich einem Manne zu unterwerfen, der ein Gefolgsmann meines Vaters gewesen ist.‹ Der König antwortete mit Schweigen. Er legte es in die Hände seiner Frau und ihrer Hofdamen, Adèle umzustimmen, was ihnen nur langsam und nicht ohne Mühe gelang.«

Der König holte das Einverständnis der Barone des Gâtinais ein, und die Heirat wurde vollzogen. Nach zehn Jahren war die Ehe immer noch kinderlos. Der Ehegatte war krank. Eines Morgens fand man ihn tot in seinem Bett. Seine Angehörigen, deren Wortführer ein gewisser Gontrand war, beschuldigten Adèle, ihren Gemahl erdrosselt zu haben. Der König berief seinen Hof nach Château-Landon ein. Gontrand schlug vor, Adèles Schuld in einem Kampf zu beweisen. Diese dagegen begehrte, sich mit einem Eid zu entlasten.

Der König beriet sich und entschied für den Zweikampf. Er befahl Adèle, nach einem Vorkämpfer Ausschau zu halten. Nun war Gontrand für seine Waffenkunst berühmt, sodass ihre Verwandten sie im Stich ließen. Doch sie hatte einen Patensohn: Enjeuger.

Angesichts der Not seiner Patin warf sich Enjeuger dem König unter Tränen zu Füßen und bot an, für Adèle in den Kampf zu gehen. Der König versuchte Enjeuger davon abzubringen, war er doch erst 16 Jahre alt und hat-

82

Das Turnier

te seine Lehrjahre noch nicht abgeschlossen. Aber Enjeuger setzte sich durch.

Er war ebenso von sich wie von Adèles Sache überzeugt.

»Am Morgen des Tages, den man für das Duell festgesetzt hatte, begab sich Enjeuger zum Ort des Kampfes. Unterwegs begegnete er einem Armen, dem er seine geringe Habe schenkte. Er suchte eine Kirche auf, verrichtete Gebete und wappnete sich mit dem Kreuzeszeichen, dem Harnisch Gottes. Die beiden Kämpen legten einen Schwur ab, stiegen auf ihre Pferde und stürmten in vollem Galopp aufeinander los. Die Lanze im Anschlag, durchschlug Gontrand mit dem Schwert Enjeugers Schild. Mit seiner Lanze heftete er Enjeugers Körper mit dem vorderen Teil seines Kettenhemdes zusammen und verletzte ihn danach von hinten, doch nur leicht und ohne ihn aus dem Sattel zu werfen. Enjeuger hielt sich fest im Sattel und rammte, nachdem er seinerseits Gontrands Schild durchbohrt hatte, seinem Gegner das Schwert so tief in die Brust, dass es ihm zwischen den Schulterblättern wieder herauskam. Gontrand kippte nach hinten aus dem Sattel – der Beweis für seine Hinterlist und falsches Zeugnis. Als er seinen Gegner stürzen sah, zog Enjeuger behände sein Schwert heraus, kappte das Lanzenstück, das aus seinem Schild ragte, und steckte das Schwert zurück in die Scheide. Mit der rechten Hand entfernte er den Teil der Lanze, der ihn an sein Kettenhemd heftete, stieg vom Pferd und stürzte sich mit gezogenem Schwert auf seinen Kontrahenten. Nachdem er diesem den Helm abgenommen hatte, enthauptete er ihn und trat unverletzt vor den König.«

Die Dame Adèle sagte sich von ihren treulosen Verwandten los, die keinen Finger für sie gerührt hatten, und bat den König, ihren Patensohn als ihren Erben einsetzen zu dürfen. Obwohl Enjeuger kein Blutsverwandter Adèles, sondern nur ihr geistiger Sohn war, gab der König seine Zustimmung. Durch diese Umstände wurde Enjeuger Herr von Château-Landon und Graf des Gâtinais.

Es gibt viele Ähnlichkeiten zwischen den Turnieren und unseren heutigen Fußballmeisterschaften. Jedes Frühjahr versammelte der Graf von Flandern die beschäftigungslosen Ritter der Grafschaft hinter sich. Er erlöste das Land von diesen Unruhestiftern und führte sie in entfernte Gegenden, nicht etwa um Krieg zu führen, sondern um sich mit den Mannschaften aus der Bretagne, der Champagne oder der Normandie zu messen. Während der warmen Jahreszeit folgte ein Turnier dem nächsten, immer an einem anderen Ort, wobei die Veranstaltungen einem ausgeklügelten Terminkalender folgten und durch geschickte Werbung überall bekannt gemacht wurden.

FÜR GOTT, DEN LEHNSHERRN UND DESSEN DAME
Vor dem Turnier wird der Ritter von seiner Dame ausgestattet. Sie übergibt ihm ein Band oder eine Schärpe, damit er in ihren Farben und unter ihrem Banner kämpft. (Ausschnitt aus einer Miniatur aus dem Roman de la Poire, *um 1275, aufbewahrt in der Französischen Nationalbibliothek in Paris.)*

Üben für die Schlacht

Diese Scheingefechte stellten für die Ritterschaft eine Übung dar. Sie konnte ihr Ungestüm austoben, ohne den einfachen Leuten Schaden zuzufügen. Nicht zuletzt machten sich die Ritter auf den Turnieren eine schöne Zeit, was ihre Ergebenheit gegenüber ihren Fürsten, denen sie einen so vergnüglichen Zeitvertreib verdankten, noch steigerte. Im Jahr 1181 erlebte die Turnierbeliebtheit ihren Höhepunkt.

Arnoul ließ sich kein einziges Turnier entgehen, wie schon zehn Jahre zuvor Heinrich II., der Sohn des Königs von England, als er unter der Führung Guillaume le Maréchals, seines Mentors, durch die Lande streifte. Mit einem Gefolge von zwei oder drei seiner Gefährten sowie Knappen und Dienern, die sich um die Pferde und das Gepäck kümmerten, traf Arnoul am Vorabend am Veranstaltungsort ein und machte sich auf die Suche nach einer Unterkunft inmitten der Baracken und Zelte, die in der Nähe des Turnierplatzes errichtet worden waren. Er

Im Getümmel

sprach mit den Leuten, holte Auskünfte über die sich bildenden Mannschaften ein und entschied dann, welcher von ihnen er sich anschließen würde.

Am folgenden Tag maßen sich die jüngsten Ritter noch vor Turnierbeginn, während die Wettkämpfer ihren Platz in den verschiedenen Lagern einnahmen, in Vorkämpfen mit Lanzenstechen und bewiesen ihr Geschick. Nicht nur Kenner beobachteten sie dabei, sondern auch die Damen und Fräulein. Die waren zum Fest in ihren schönsten, mit Stickereien verzierten Kleidern erschienen und trugen unter dem mit Blumen bekränzten Schleier die Haare geflochten. In Gesellschaft der Fürsten und der Lehnsherren, die zum Kämpfen zu alt waren, nahmen sie Platz auf einem Podest oder einem anderen erhöhten Platz und verfolgten von weitem die Höhepunkte des Wettkampfs, voller Bewunderung für die tapfersten Ritter.

*AUF DEM TURNIER-PLATZ ERSCHEINEN
Jetzt ist der Ritter gerüstet und sitzt im Sattel. Er macht sich daran, auf dem Turnierplatz zu erscheinen und für seine Ehre und die Liebe seiner Dame zu kämpfen, die ihn von dem den Zuschauern vorbehaltenen Podest aus bewundern wird. (Ausschnitt aus dem vorigen Dokument.)*

Im Getümmel

Auf ein Signal hin gingen zwei oder drei Gruppen aus mehreren hundert Kriegern unter lautem Wutgebrüll in vollem Galopp aufeinander los, quer über das Turnierfeld. Du darfst dir darunter nicht so etwas wie ein Sportstadion vorstellen, denn das Turnierfeld hatte keine Begrenzung. Außerdem war es von Bodensenken, Hecken und kleinen Gräben unterbrochen. Hier und da fanden sich Ansammlungen von Strohhütten, die sich gut für einen Hinterhalt eigneten. Wie in einer richtigen Schlacht ging es darum, Verwirrung in den Reihen des Gegners zu stiften, seine Schlachtordnung durcheinander zu bringen, ihn in die Flucht zu schlagen und schließlich die Oberhand auf dem Feld zu gewinnen.

85

Das Abenteuer

DER TJOST
Er erfolgt nach strengen Regeln. Nach einem mehrere hundert Meter langen Anlauf versucht jeder Ritter, den Gegner mit seiner Lanze zu stoßen. Ziel des Spiels (denn es handelt sich um ein Spiel) ist nicht, den Gegner zu töten, sondern ihn einfach vom Pferd zu stoßen. Allerdings ist es wirklich schwer, sich nach einem so kräftigen Aufprall im Sattel zu halten. (Jacques Bretel, Le Tournoi de Chauvency, *14. Jh., aufbewahrt in der Bodleian Library in Oxford.)*

Zu diesem Zweck war alles erlaubt, jede Finte und jede Kriegslist. Über Stunden herrschte ein allgemeines Durcheinander aus Galoppritten durch den Staub, aus dem Krachen geborstener Lanzen und gespaltener Schilde. Unter ihren Kettenhemden waren die Kämpfer in Schweiß gebadet, ihre Waffenröcke gingen in Fetzen. Von Zeit zu Zeit zog sich der eine oder andere aus dem Spiel zurück, um wieder zu Atem zu kommen, einen tüchtigen Schluck zu trinken und sich etwas zu erholen, bevor er sich aufs Neue ins Getümmel stürzte, vorausgesetzt, er war nicht am Ende seiner Kräfte oder allzu schwer verletzt. In der Tat schlugen die Ritter in ihrer Freude am Kampf oft zu hart zu, und nicht selten gab es nach einem Treffen Tote zu beklagen.

Die Schar, die Arnoul anführte, gab ihr Letztes für den Sieg ihrer Mannschaft. Doch wie alle anderen am Wettbewerb beteiligten Mannschaften spielte sie auch ihr eigenes Spiel.

Denn ein Turnier ließ sich mit einer Jagdpartie vergleichen, bei der den Rittern der gegnerischen Mannschaften die Rolle des Wildes zukam. Arnoul und seine Gefährten machten in der Menge einen ihrer Gegner aus und setzten zur gemeinsamen Jagd auf ihn an. Sie ver-

suchten ihn zu isolieren, umzingelten ihn und hatten ihre liebe Mühe damit, ihn zu überwältigen und aus dem Sattel zu werfen. Dann bearbeiteten sie seine Rüstung, bis er sich ergab und versprach, seine Gefangennahme anzuerkennen. Daraufhin bemächtigten sich die Diener seines Schlachtrosses sowie des gesamten Zaumzeuges und brachten alles an einen sicheren Ort abseits des Kampfgeschehens. Es kam vor, dass man dem Reiter gestattete, den Kampf wieder aufzunehmen, wenn er eine neue Ausrüstung auftrieb: Die Treue gegenüber dem gegebenen Ehrenwort hielt ihn so gut wie immer davon ab, die Flucht zu ergreifen oder am Abend die Zahlung eines Lösegelds zu verweigern. War der Anführer der Schar ein gewiefter Taktiker, war die Verständigung unter den Kampfgenossen gut und ließen sie sich unterwegs nicht durch die Verfolgung eines anderen Opfers ablenken – hier gab die Gruppendisziplin den Ausschlag –, so konnte die Jagd recht ertragreich sein. Guillaume le Maréchal brüstete sich damit, bei jedem Turnier mehrere Ritter und noch mehr Pferde gefangen zu haben. Doch wo es Gewinner gab, musste es auch Verlierer geben, die am Abend ihrer gesamten Habe beraubt waren. Das Turnier war ein aufregendes Spiel, nicht nur ein Geschicklichkeits-, sondern auch ein Glücksspiel und nicht zuletzt ein Spiel um Geld.

DER SCHMIED
Ohne Schmied keine Hufeisen und keine Pferde. Und ohne Pferde kein Kampf.

Gewinner und Verlierer

Wenn am Ende des Tages eine der Mannschaften den Sieg davongetragen hatte, kehrten alle Wettkämpfer, die noch im Spiel und nicht außer Gefecht gesetzt, verkrüppelt oder gefangen genommen worden waren, restlos erschöpft ins Lager zurück. Jetzt war Zeit, die Schäden zu reparieren. Bei den Schmieden herrschte Hochbetrieb: Kettenhemden waren aus-

Der Schmied ist daher überall, wo es Pferde gibt, unabdingbar; er ist auch der Handwerker, der die Waffen, Helme und Schilde repariert.

Das Abenteuer

zubessern, Schilde wieder zusammenzuflicken. Einige mussten sogar ihren Kopf auf den Amboss legen, um den Helm mit dem Hammer ausbeulen zu lassen, wenn er sich im Kampfgetümmel durch Schläge verzogen hatte.

Vor allem aber ging es nun ans Geldzählen. Die Gefangenen machten die Runde bei ihren Cousins, Freunden und Lehnsherren, um sich das Geld zu leihen, mit dem sie sich selbst freikaufen und das verlorene Schlachtross ersetzen konnten. Die Sieger feilschten mit den Pferdehändlern um den Preis für die erbeuteten Tiere. So entstand zwischen den Zelten ein großer Pferdemarkt, und das Geld wechselte von einer Börse in die andere. Kleinlaut sah man jene aufbrechen, die einschließlich ihres Umhangs alles zu Geld machen mussten, was sie bei ihrer Schwertleite erhalten hatten. Aber die mit einem Mal reich gewordenen Ritter blieben es nur für kurze Zeit. Die Ehre verlangte, das Geld ihren weniger glücklichen Kampfgefährten zu schenken und den Rest für Vergnügungen auf den Kopf zu hauen. Die eigentlichen Gewinner waren am Abend die Händler, Spaßmacher, Gaukler und fahrenden Spielleute, die in Scharen gekommen waren, um den Rittern das Geld aus der Tasche zu ziehen und von ihrer Freigebigkeit zu profitieren.

Der Beruf des Turnierhelden

Nach dem Turnier setzten sich die Fürsten, die es ausgerichtet hatten, zur Beratung zusammen und verkündeten die Namen der Turnierkämpfer, die sich im Kampf ausgezeichnet hatten. Mitunter erhielt der Beste von ihnen aus der Hand einer Dame einen »Preis«, einen schönen Gegenstand mit Symbolwert. Die fahrenden Sänger stimmten Ruhmeslieder auf den Helden des Tages an. Auch das war ein Grund dafür, dass so viele Ritter herbeigeeilt waren, manche unter ihnen von weit her, aus Deutschland oder England. Sie wollten in aller Munde sein. Ruhm zählte für sie sehr viel mehr als Geld. Die berühmten Turnierhelden konnten sich darauf verlassen,

Der Beruf des Turnierhelden

an den prunkvollsten Höfen mit offenen Armen empfangen und mit Geschenken überhäuft zu werden, man schlug ihnen nichts ab. Die großen Lehnsherren rissen sich um sie und versprachen ihnen eine goldene Zukunft, wenn sie sich bereit erklärten, beim nächsten Turnier unter ihren Farben zu kämpfen. Jeder neue Sieg trieb ihren Preis in die Höhe. Guillaume le Maréchal hatte erlebt, wie man ihm an einem einzigen Abend zuerst eine große Summe Geldes, dann ein Lehen und zu guter Letzt die Tochter eines Fürsten zur Frau anbot. Er hatte jedoch abgelehnt, in der Gewissheit, sein Ansehen noch vergrößern zu können und zu einem späteren Zeitpunkt noch mehr zu erhalten. Die unverheirateten Ritter hofften, mit ihren Heldentaten einem Mädchen zu imponieren – oder doch wenigstens seinem Vater oder Bruder, die ihm einen Mann suchten – und vom Turnier mit einem Heiratsversprechen zurückzukehren. In Arnouls Familie erinnerte man sich daran, dass seine Vorfahren auf diese Weise – durch fruchtbare Bündnisse, die auf dem Turnierplatz geschlossen worden waren – das Vermögen ihres Hauses gemehrt hatten.

Das Kriegspferd
In der Apokalypse des heiligen Johannes erscheinen dem Apostel vier Pferde in verschiedenen Farben. Jedes von ihnen stellt eine Geißel dar: Das rote Pferd ist das Symbol für den Krieg.

89

Die Zurechtweisung

RICHARD LÖWENHERZ Richard Löwenherz, von 1189—1199 König von England, verbündete sich mit Philipp August, dem König von Frankreich, um am Kreuzzug teilzunehmen. Hier ist er auf einem Siegel dargestellt, das man dazu verwendete, das Wachs, mit dem die Dokumente versiegelt wurden, zu stempeln und sie damit zu beurkunden.

Zwei Jahre lang hatte es Baudoin seinem Sohn Arnoul ermöglicht, auf der Ausfahrt als Ritter seinen Mann zu stehen. Danach setzte Arnoul – nun auf sich selbst gestellt – sein unstetes Leben fort, die Turniere waren sein Broterwerb. Doch im Jahr 1188 wurden sie im gesamten Königreich Frankreich verboten. Die Bischöfe hatten sie stets verurteilt. Bei diesen Kämpfen wurden die christlichen Werte, die die Kirche in der Ritterschaft verbreiten wollte, verhöhnt: Aus Gier und Hochmut wurde dort zu gewalttätig gekämpft. Viele Krieger verloren bei diesem grausamen Spiel ihr Leben oder wurden zu Krüppeln, während es doch ihre Pflicht war, ausschließlich für die Ehre Gottes, den Schutz der Schwachen und die Verteidigung des Heiligen Landes zum Schwert zu greifen. Nun verbreitete sich im Jahr 1188 die Nachricht, dass die muslimischen Armeen unter Führung Saladins Jerusalem zurückerobert hatten. Man musste eine Gegenoffensive beginnen. Es wurde beschlossen, eine Sonderabgabe zu erheben, den »Saladinszehnten«, um den Feldzug zu finanzieren.

Der französische König Philipp August, der englische König Richard Löwenherz und der deutsche Kaiser Friedrich Barbarossa hatten feierlich gelobt, sich an die Spitze des Kreuzzuges zu stellen, und hatten sich das Kreuz auf ihre Kleidung nähen lassen. Es kam nicht mehr in Frage, dass die Ritter sich auf den Turnierplätzen gegenseitig umbrachten. Sie sollten vielmehr ihre Kräfte schonen und ihre Seele reinigen, indem sie sich diese harte Buße auferlegten und auf ihre Lieblingsbeschäftigung verzichteten. Für Arnoul bedeutete das erzwungene Untätigkeit und den Verlust seiner Einnahmequelle. Wie

Die Zurechtweisung

die Mehrheit seiner Gefährten legte er das Gewand des Kreuz-
ritters an. Unter dem Vorwand, sich für den Kreuzzug rüsten
zu müssen, zog er den Saladinszehnten bei den Priestern und
Bauern in seiner Herrschaft Ardres ein. Aber in seinem
Leichtsinn und seiner Vergnügungssucht verprasste er die gesamten Einnahmen aus der Steuer mit seinen Freunden. Ein
Bischof ließ den unrühmlichen und treulosen Ritter schließlich ins Gefängnis werfen, der das Geld der Armen ver-
schwendete und sein Versprechen, auszuziehen, um das Grab
Christi zu befreien, gebrochen hatte.

Das Abenteuer

Der Kreuzzug

*KREUZZUGSAUFRUF
Im Jahr 1095 rufen Papst Urban II. und Peter der Eremit in Clermont die Christen des Abendlandes zum Kreuzzug auf, um Jerusalem, die Heilige Stadt mit dem Grab Christi, aus den Händen der muslimischen Türken zu befreien. Die Resonanz ist groß, viele schließen sich an, aber erst vier Jahre später wird Jerusalem von den Kreuzfahrern erobert. (Miniatur aus der* Histoire universelle, *13. Jh., aufbewahrt in der British Library in London.)*

In Nordfrankreich gab es nur wenige Ritterfamilien, die nicht die Erinnerung an einen Vorfahren pflegten, der nicht schon bei einem früheren Kreuzzug dabei gewesen war. Der Großvater einer der Großmütter von Arnoul hatte sich auf den Weg gemacht, kaum hatte er 1095 den Aufruf von Papst Urban II. vernommen, der in Clermont die Christen Europas dazu aufforderte, den Christen im Orient zu Hilfe zu eilen. Arnouls Vorfahr gehörte zu jenen, die nach einer langen Belagerung schließlich Antiochia erobert hatten und denen es gelungen war, Jerusalem den Muslimen zu entreißen.

In Ardres bedauerte man, dass sein Name nicht in der *Chanson d'Antioche* erwähnt wurde, dem Epos, das zum Ruhm der Helden des ersten Kreuzzugs verfasst worden war. Das liege daran, so hieß es in Ardres, dass er den Minnesängern keinen ausreichenden Lohn gezahlt habe. Dafür konnte man in der Kirche von Ardres die Reliquien sehen, die er von seinem Feldzug mitgebracht hatte. Unter seinen Reisebegleitern war auch ein Bruder einer Urgroßmutter Arnouls väterlicherseits. Dieser war im Heiligen Land geblieben und zum Grafen von Beirut geworden.

Als 1148 zum zweiten Kreuzzug aufgerufen wurde, hatte Baudoin, der Herr von Ardres und Großonkel von Arnoul, einen Großteil seiner Güter verkauft und sich mit zwien seiner Ritter, die angemessen ausgerüstet waren, dem Grafen von Flandern angeschlossen. Dieser zog im Gefolge des französischen Königs Ludwig VII. nach Palästina. Baudoin kehrte nicht zurück. Man hat nie erfahren, was aus ihm geworden ist. Eines Tages erschien in der Gegend ein Hochstapler, ein alter Mann, der sich für den Verschollenen ausgab, und man hatte große Mühe, ihn zu enttarnen.

DAS GEBET DES KREUZFAHRERS
Kampfbereit begibt sich dieser Kreuzritter (erkennbar an den Kreuzen, die er auf seinem Gewand und seinem Banner trägt) vor seinem Aufbruch in die Hände Gottes.

Eine heilbringende Reise

Die »Reise nach Jerusalem« (so wurde der Kreuzzug genannt) faszinierte die Ritter bereits seit einem Jahrhundert. Im Jahr 1188 war die Erinnerung an Karl den Großen lebendiger als je zuvor, und die fahrenden Sänger wiederholten immer wieder, dass er die Bewegung ins Leben gerufen habe, dass er den Kampf gegen die Sarazenen begonnen habe, indem er die zwölf Paladine, Roland und die gesamte christliche Armee in das damals unter muslimischer Herrschaft stehende Spanien geführt habe. Die Jugend begeisterte sich für die Heldentaten dieser Ritter, die immer wieder besungen wurden.

Es erschien als die Erfüllung des ritterlichen Ideals, für mehrere Jahre Haus und Verwandte

Das Abenteuer

zu verlassen und sich auf einen endlosen Weg voller Gefahren zu begeben, zu leiden und sein Leben hingeben zu wollen, um das Königreich Gottes zu vergrößern. Außerdem war all denen, die sich freiwillig einer so harten Prüfung unterzogen, die Vergebung aller Verfehlungen versprochen, hatte der Papst gesagt. Der Kreuzzug war vor allem eine Pilgerfahrt an die Stätten, an denen Jesus gelebt hatte und an die er, wie man glaubte, zurückkommen würde, zu richten die Lebenden und die Toten. Auch das zog die Ritter nach Jerusalem. Viele von ihnen begaben sich dorthin, um dort zu sterben und beerdigt zu werden und sich auf diese Weise für den Tag der Auferstehung gut zu platzieren. Dazu kam noch der Wunsch, ferne Länder zu sehen, aus denen Duftstoffe, Seide und Gewürze kamen, all die wunderbaren Dinge, die die Fürsten stolz bei ihren Festen zur Schau stellten oder die sie den Kirchen schenkten, um den Glanz der Gottesdienste zu steigern. Es war bekannt, dass dort in den Ländern jenseits des Meeres das Leben sehr viel angenehmer war. Für die Ritter bedeutete der Aufbruch zum Kreuzzug, dass sie ihre Ausfahrt noch verlängern und sie auf märchenhafte Länder ausdehnen konnten. So konnten sie sich weiter dem Vergnügen hingeben, herumzuziehen, ein Vergnügen, das sie nach ihrer Schwertleite sehr geschätzt hatten. Außerdem beabsichtigte Papst Urban II. bei seinem Kreuzzugsaufruf auch, die Gewalttätigkeit des Rittertums aus der christlichen Gemeinschaft an einen anderen Ort zu verlagern und auf diese Weise den Gottesfrieden zu stärken.

Der heilige Krieg

Tatsächlich war der Kriegszug ins Heilige Land für die Ritter, für all die Hagestolze, die nicht wussten, wozu sie ihre Waffen nutzen sollten, die Gelegenheit, sich abzureagieren. Gegen die Feinde Christi konnten sie ihrer Rauf- und Zerstörungslust bedenkenlos freien Lauf lassen. Und sie hielten sich nicht zu-

Der heilige Krieg

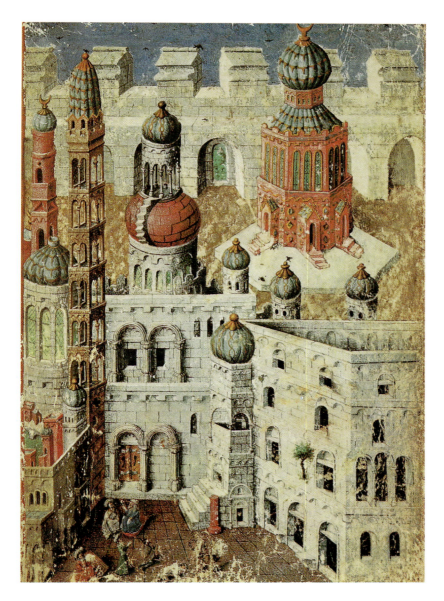

*JERUSALEM
Die Stadt, in der sich das Grab Christi befindet, ist für die Christen zu einem symbolischen Ort geworden. Die Christen des Abendlandes haben sich zu ihrer Befreiung aufgemacht, weil sie unter muslimische Herrschaft geraten ist. (Stundenbuch von König René, 15. Jh.)*

rück. Dazu muss man wissen, dass die Feldzüge begleitet waren von Grausamkeiten. Die ersten Kreuzfahrer hatten zunächst in den deutschen Städten, die sie zu Beginn ihrer Reise durchquerten, die Juden grausam niedergemetzelt. Im Orient war dann die muslimische Bevölkerung an der Reihe gewesen. Nach der Eroberung Jerusalems floss das Blut in den Gassen der Stadt in Strömen, die Pferde wateten darin. Bei den Kreuzzügen kam auch auf abscheuliche Weise das zum

95

Das Abenteuer

DIE EINNAHME
VON TARSUS
Tancrède de Hauteville, normannischer Fürst von Sizilien, bricht zum ersten Kreuzzug auf und zeichnet sich als Befehlshaber bei der Einnahme von Tarsus aus: Die befestigte Stadt wird von den Kreuzfahrern erstürmt, die eine Bleide benutzen, eine Wurfmaschine, die Felsbrocken von 200 bis 400 kg Gewicht schleudert. Danach nimmt Tancrède an der Eroberung von Antiochia und Jerusalem teil und wird 1099 Fürst von Galiläa. (Roman von Gottfried von Bouillon, Manuskript aus dem 14. Jh.)

Ausbruch, was wir heute Rassismus nennen: blinder Hass gegenüber allem Fremden, Grausamkeit gegenüber Anhängern einer anderen Religion. Die Kreuzzüge waren der Vorwand für grauenhafte Verwüstungen und Plünderungen und für die Freisetzung primitivster Instinkte.

Ohne dass es vorgesehen gewesen wäre, hatte der erste Kreuzzug zur Errichtung einer europäischen Kolonie auf der orientalischen Seite des Mittelmeers geführt. Aber der Islam bedrohte das christliche Königreich von Jerusalem und die anderen Fürstentümer, die durch die Eroberung entstanden waren. Sie mussten unterstützt werden, und so brachen jedes Jahr kleine Trupps von Rittern auf, um den Herren im Heiligen Land beizustehen. Als plötzlich ein großer Teil des eroberten Landes verloren ging, wurde 1148 ein zweiter allgemeiner Feldzug organisiert. Er scheiterte. Die Bedrohung wuchs. Vierzig Jahre später erfuhr die erschütterte Ritterschaft, dass das Heilige Grab, das Grab Christi, erneut unter muslimische Herrschaft gefallen war.

Die Vorbereitungen

Häufig entschlossen sich die Ritter auf einer großen Adelsversammlung in allgemeiner Begeisterung zum Aufbruch. Sie legten feierlich ein Gelübde ab und brachten auf ihrer Kleidung das Zeichen des Kreuzes an. Danach stellten sie ihren gesamten Hausverband und all ihr Gut unter den Schutz der Kirche. Niemand durfte sie angreifen oder ihnen etwas wegnehmen. Dann begannen sie mit den Vorbereitungen. Diejenigen ihrer Verwandten, die zu Hause blieben, halfen ihnen, so gut es ging. Der eine schenkte ein Pferd, der andere einen Teil der Rüstung, wieder andere Geld. Der Ritter brauchte viel Geld, denn die Reise war lang.

Im Jahr 1190 nahm man nicht mehr, wie in den Anfängen der Kreuzzüge, den Landweg durch Mitteleuropa, an der Donau entlang, bis nach Konstantinopel, wo der quälendste Teil der Reise durch Kleinasien begann. Der Seeweg bereitete inzwischen weniger Angst. Die sarazenischen Seeräuber waren besser unter Kontrolle, und die gerade erfolgten Verbesserungen beim Schiffbau machten die Reisen weniger riskant: In Genua, Venedig oder den Häfen der Provence gab es zahlreiche und gute Schiffe.

SEGNUNG
Der Priester hält in der linken Hand eine Heilige Schrift und segnet mit der rechten die Männer, die in den Kampf ziehen. Alle bekreuzigen sich. (Relief in einer Taufkapelle aus dem 13. Jh.)

Die Überfahrt

Allerdings musste man dazu bis zum Mittelmeer kommen, und die Pilgerritter konnten nicht mehr selbstverständlich auf kostenlose Gastfreundschaft zählen. Der Gebrauch von Geld hatte sich immer mehr verbreitet, und allmählich war es üblich geworden, alles zu verkaufen und alles zu kaufen. Wenn ein Kreuzfahrer schließlich an dem Ort angekommen war, wo

Das Abenteuer

EINSCHIFFUNG DER KREUZFAHRER
Um ins Heilige Land zu gelangen, nehmen die Kreuzfahrer häufig lieber den Seeweg. Das ist weniger gefährlich, selbst wenn sie in einen Sturm kommen und Schiffbruch erleiden können. In der Regel benutzen sie schwere Transportschiffe, die schlecht zu steuern sind; dafür sind sie aber stabil und gut geeignet, Männer, Pferde und Material zu transportieren.
(Statut de l'ordre du Grand Esprit au Droit-Désir, um 1350.)

er sich einschiffen wollte, schloss er nach mühsamen Diskussionen mit den Seeleuten einen Vertrag vor einem Notar. Für viel Geld kaufte er einen Platz für sich selbst, seine Pferde, seine Diener und sein Gepäck. Um das notwendige Geld zusammenzubekommen, hatte er vor seiner Abreise im benachbarten Kloster oder bei den reichen Händlern einer der näher gelegenen Städte etwas leihen müssen, als Pfand hatte er die eine oder andere Ländereien hergegeben, die er nach seiner Rückkehr auszulösen hoffte.

Ihm war schwer ums Herz, als er alle noch einmal sah, die er liebte. Er war alles andere als sicher, von einem solchen Abenteuer auch wieder zurückzukehren. Daher hatte er sich auf die Pilgerreise vorbereitet wie auf den Tod, hatte seine Vergehen gebeichtet und alle entschädigt, denen er Schaden zugefügt hatte. Versehen mit dem Segen der Priester, hatte er die Zeichen des Pilgers ergriffen, Pilgerstab und Quersack. Er war nicht allein aufgebrochen, sondern in Begleitung von Cousins, Gefährten und seinem Schildknappen, in kleinen Trupps, genau wie die neuen Ritter nach ihrer Schwertleite. Und genau wie bei den Turnieren schlossen sich Trupps von Männern eines Landes, die dieselbe Sprache sprachen, im Lauf der Reise zusammen, um eine große nationale Gruppe zu bilden.

Templer und Hospitaliter

Die Schiffe entfernten sich zu dieser Zeit nicht weit von den Küsten, aber trotzdem bekamen die Kreuzfahrer Angst, sobald sie auf dem offenen Meer waren, und versprachen den Schutzheiligen prächtige Opfergaben, wenn man ohne Schiffbruch zu erleiden die Reise beenden würde.

Kaum waren sie in Akko oder in Jaffa an Land gegangen und beeindruckt von dem, was sie von der arabischen Kultur sahen, die weiter entwickelt war als ihre, begannen sie ihre Pilgerfahrt. Sie besichtigten alle heiligen Stätten, zumindest die, die in der Hand der Christen und damit zugänglich geblieben waren. Außerdem nahmen sie immer, wenn es nötig wurde, am Kampf gegen die Ungläubigen teil. Als Kenner bewunderten sie die Vorzüge der gegnerischen Pferde. Sie waren überrascht von den Kampftechniken ihrer Feinde, die sie genau beobachteten, um ihre eigenen zu verbessern. Sie litten stark unter dem Klima. Unbekannte

DIE TEMPLER
Die erste Aufgabe der Templer, die man an dem roten Kreuz erkennt, das sie auf ihrem weißen Mantel tragen (zur Unterscheidung haben die Hospitaliter ein weißes Kreuz auf einem roten Mantel), besteht darin, die Pilger zu verteidigen, die ins Heilige Land gekommen sind. Eines der Fresken in der kleinen Kirche von Cressac (12. Jh.) in der Charente in Westfrankreich zeigt sie, wie sie 1163 in einer Schlacht eine befestigte Stadt verteidigen. Unter der Führung von Hugues de Lusignan und Geoffroy Martel gehen sie als Sieger hervor.

Das Abenteuer

Bild rechte Seite:
DER KRAK DES
CHEVALIERS
Diese eindrucksvolle
Burg wurde im 12.
Jahrhundert von den
Kreuzfahrern in Syrien
errichtet. 1142 wurde
sie den Hospitalitern
übergeben, die sie nach
1212 neu errichteten.
Die Festung hat keinen
Bergfried und wird von
zwei mächtigen runden
Türmen flankiert, die
den natürlichen Steil-
hang verlängern, auf
dem zwei Mauerkreise
errichtet wurden.
Lange Zeit leisteten die
Ritter dort den musli-
mischen Angriffen
Widerstand, bis die
Festung 1271 vom
Mamelukensultan
Baibar I. erobert
wurde.

Krankheiten machten ihnen zu schaffen. Aber sie kämpften wacker an der Seite von Templern und Hospitalitern, denen sie große Bewunderung entgegenbrachten.

Die Templer und Hospitaliter in ihren gewaltigen Festungen waren tatsächlich vorbildliche Ritter. Sie führten auf perfekte Weise Krieg. Zugleich waren sie aber auch Mönche, die diszipliniert lebten und Reichtümern, Stolz und Vergnügungen entsagt hatten. Zu den Kriegstugenden kam noch die Tugend der Vergeistigung hinzu, und so schienen sie das Ideal einer christlichen Ritterschaft zu verkörpern, bei der die Tugenden Stärke, Gerechtigkeit, Vorsicht und Mäßigung von der Tugend der Barmherzigkeit gekrönt wurden.

Der weiße Mantel

Wenn man sah, wie sie sich verhielten, konnte man sich vorstellen, was aus dem Orden der gesamten Ritterschaft in Europa werden könnte, wenn er solche Werte übernähme. Manche Kreuzfahrer ließen sich tatsächlich anstecken und entschieden sich, in den Templerorden oder den Hospitaliterorden einzutreten.

Auch Guillaume le Maréchal war verlockt. Er kämpfte in den Reihen der Templer, band sich aber nicht vollständig an sie. Er wurde nur ein Laienbruder des Ordens. Zum Zeichen der Bruderschaft hatten sie ihm ihren Mantel umgehängt. Diesen weißen Mantel, der mit einem roten Kreuz geschmückt war, hatte Guillaume in seinem Gepäck, als er aus dem Heiligen Land zurückkehrte, und in diesen Mantel wollte er bei seinem Begräbnis eingehüllt werden.

Guillaume war drei Jahre in Palästina geblieben. Die meisten Kreuzfahrer kehrten früher zurück. Wenn sie – häufig von Fieber geschwächt und fast immer bettelarm – zurückkamen, wurden sie wie Helden empfangen. Sie wurden umsorgt. Durch ihre Opfer hatten sie nicht nur sich selbst von ihren Sünden reingewaschen; die gesamte Verwandtschaft, all ihre

Der weiße Mantel

Freunde hatten an den Verdiensten teil, die die Kreuzfahrer erworben hatten. Arnoul errang diesen Ruhm leider nicht. Seinem Vater war es zwar mithilfe eines Freundes, dem Erzbischof von Reims, gelungen, ihn aus dem Gefängnis zu holen, aber trotz seines Gelübdes war Arnoul nicht in den Orient aufgebrochen.

In Flandern, wo man den Tod von Graf Philipp und vieler seiner Vasallen beweinte, die während des dritten Kreuzzugs vor Akko im Dienst Christi gefallen waren, hatte man sich von ihm abgewandt. Verschämt zog er sich in die Burg von Ardres zurück. Er versprach, einsichtig zu sein und sich nicht mehr durch Unbesonnenheit seiner Vorfahren und der militärischen Weihe, die er empfangen hatte, unwürdig zu erweisen. Er hatte die Dreißig bereits überschritten. Er war noch immer nicht verheiratet. Man suchte eine Frau für ihn.

DAS ENDE DER JUGEND

Die Hochzeit – eine Sache von Männern
Zu Beginn des 13. Jahrhunderts ersetzt allmählich der Priester den Vater bei der Hochzeitszeremonie. In Anwesenheit der Eltern legt er die beiden rechten Hände der künftigen Eheleute ineinander. (Manuskript der Décrétales de Jean André, Ende 13., Anfang 14. Jh.)

Die Heirat

Im Leben eines Ritters war die Schwertleite das Ende der ersten, der wichtigsten Etappe. Aber es galt, noch ein weiteres Ziel zu erreichen. Um völlige Unabhängigkeit zu erwerben und sich in die Ahnenreihe seiner Familie einzureihen, musste er eine Frau finden und heiraten. Solange er nicht verheiratet war, wurde er als ein »Junger«, als ein Junior behandelt. Sobald er verheiratet und Herr eines eigenen Hauses war, stand er in der Gesellschaft sofort eine Stufe höher. Er gelangte damit in die Kategorie der verantwortungsvollen Männer, der wichtigen Leute.

Allerdings bekam noch im Jahr 1190 nur eine kleine Anzahl von Rittern eine Gattin. Die Familienväter bemühten sich, alle ihre Töchter zu verheiraten, hielten es aber für klug, nur einen einzigen Sohn zu verheiraten. Wie du weißt, hatten sie im Allgemeinen eine ganze Reihe Söhne, fünf oder sechs. Sie zu verheiraten bedeutete, dass der Vater dazu gezwungen war, sie unterzubringen, sie mit einem eigenen Wohnsitz auszustatten und ihnen ein Stück seiner Herrschaft abzugeben – und das hätte bedeutet, das Erbe der Vorfahren zu teilen und die Nachkommen zur Armut zu verurteilen. Die Väter schickten also einen oder zwei ihrer Söhne in die Kirche. Die anderen, die jüngeren, wurden Ritter und mussten Junggesellen bleiben. Es sei denn, es gelang ihnen auf eigene Faust, eine Frau zu finden, die sie heiratete. Davon träumten alle. Das war für sie das große Abenteuer, dem die bewunderten Helden in den Romanen nachgingen, die ihnen vorgelesen wurden. Könnten nicht auch sie eines Tages durch ihre Tapferkeit und Höflichkeit eine reiche, hübsche Tochter erringen? Das war ein schönes Trugbild. In Wirklichkeit waren Liebesheiraten äußerst selten. Die jungen Ritter hatten größere Chancen auf Erfolg, wenn sie einem Herrn lange Zeit treu dienten. Manchmal belohnten die Lehnsherren die treuesten unter denen, die sie erzogen hatten, damit, dass sie ihnen eine ihrer Töchter oder eine Cousine oder auch die Witwe eines verstorbenen Vasallen zur Frau gaben. Auf diese Weise war Guillaume le Maréchal für die langen Dienste belohnt worden, die er Heinrich II., dem König von England, geleistet hatte.

DEN HOF MACHEN *Liebesheiraten sind zu jener Zeit sehr selten. Die Hochzeit wird von den Eltern oder dem Lehnsherrn organisiert, ohne die künftigen Eheleute auch nur zu fragen. Allerdings entwickelt sich im 12. Jahrhundert auch die Tradition der höfischen Liebe, in der die Dame Ziel und Gegenstand aller Aufmerksamkeit und Gunstbeweise des Ritters ist. (Schweizer Handschrift,* Codex Manesse, *vom Ende des 12. Jhs.)*

Die »Jagd auf die Verlobten«

Arnoul war der Älteste, aber trotzdem hatte es sein Vater, der Graf von Guînes, nicht eilig, eine Frau für ihn zu finden. Er wusste, dass Arnoul störrisch war, und fürchtete, dass er nach der Heirat noch lästiger werden würde. Er zog es vor, ihn herumziehen zu lassen. Arnoul machte

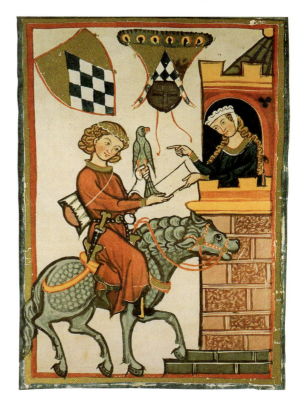

Das Ende der Jugend

sich also allein auf die Suche nach einer Gattin. Im Jahr 1188 glaubte er, die Hand einer sehr reichen Witwe erlangen zu können, wenn er ihr den Hof machen würde. Es handelte sich um die Erbin der Grafschaft von Boulogne, eines Fürstentums, das sehr viel mächtiger war als die Grafschaft von Guînes. Lambert schreibt in seinem Bericht, dass Arnoul so tat, als würde er diese Frau lieben.

In Wahrheit wollte er nicht sie, sondern Boulogne. Wie ein Troubadour begann er, von seiner Liebe zu ihr zu singen. Er glaubte bereits, sie erobert zu haben. Im letzten Moment entwischte sie ihm jedoch. Ein anderer, geschickterer und ruhmreicherer Freier hatte sich ihrer bemächtigt. Die jungen Ritter kehrten häufig unverrichteter Dinge von der Jagd auf die Verlobten zurück.

Als Arnoul kläglich und hilflos aus der schon erwähnten Gefangenschaft in seine Heimat zurückkam, nahm Graf Baudoin die Angelegenheit schließlich selbst in die Hand. Er verlobte ihn mit einer der Töchter des Grafen von Saint-Pol. Das war keine sehr gute Partie: Diese Tochter hatte mehrere Brüder, und damit bestand wenig Aussicht auf das Erbe. Im Jahr 1194 ergab sich jedoch eine sehr viel vorteilhaftere Gelegenheit.

Der Herr von Bourbourg, einer benachbarten Burg, deren Herren stets unbeugsame Feinde der Grafen von Guînes gewesen waren, war gerade gestorben. Seine fünf Brüder – alles Junggesellen – waren schon zuvor, während ihrer Lehrjahre, tödlich verunglückt. Er hinterließ nur eine Tochter, Béatrice.

Die »Jagd auf die Verlobten«

Wenn es gelänge, diese Waise und damit die der weiblichen Linie zugefallene Festung in Besitz zu bringen, würde das Fürstentum, über das Arnoul eines Tages herrschen sollte, eine beträchtliche Vergrößerung erfahren. Graf Baudoin beeilte sich, löste den Vertrag auf, den er mit dem Grafen von Saint-Pol abgeschlossen hatte, verhandelte mit den Cousins von Béatrice und setzte alles daran, die Hochzeit vorzubereiten. Da tauchte im letzten Moment noch eine Schwierigkeit auf. Arnoul war exkommuniziert worden. Er war noch immer sehr gewalttätig und hatte in seiner Wildheit bei einem Ausritt gerade eine Mühle zerstört, die einer Witwe gehörte, einer jener Wehrlosen, die durch den Gottesfrieden geschützt wurden. Der Bischof hatte ihn verurteilt und aus der christlichen Gemeinschaft ausgeschlossen, bis er Buße täte. Es war ihm also verboten, eine Kirche zu betreten, was die Hochzeitszeremonie unmöglich zu machen schien. Dank der erneuten Hilfe des Erzbischofs von Reims erreichte Baudoin die Aufhebung der Verurteilung. So konnten die Hochzeitsglocken doch noch läuten. Der Graf persönlich segnete die beiden Verlobten im Hochzeitszimmer, und drei Tage lang wurde auf der Burg von Ardres gefeiert. Hochzeit, Schwertleite, Turniere – all diese Ereignisse waren für die Ritterschaft Anlässe zum Singen, Tanzen und Lachen, zum Tragen schöner Kleider, zum Trinken, Essen und Feiern.

MUSIKER FÜR DAS FEST
Jede Gelegenheit wird wahrgenommen, um Musiker, Spielleute und Gaukler herbeizurufen, vor allem bei Hochzeiten. Eine Fülle von Instrumenten wird dabei verwendet, von denen einige hier zu sehen sind: Sackpfeife, Trommel, Becken, Glocken, Doppeltrompete, Drehleier, eine tragbare Orgel, Psalter und Laute. (Manuskript aus der Bodleian Library in Oxford.)

105

Das Ende der Jugend

Arnoul als Lehnsherr

HERRENESSEN
*Sessel und farbige Kissen, eine bestickte Tischdecke, reiche Kleidung, und sogar Messer und Gabeln — dabei ist es noch immer verbreitet, mit den Fingern zu essen. All dies sind Hinweise darauf, dass die abgebildeten Figuren bedeutende Persönlichkeiten sind.
(De l'univers, von Raban Maur, 11. Jh., Archiv der Abtei von Monte Cassino.)*

Auf diese Weise wurde Arnoul zum Familienoberhaupt. Er war nun Herr über zwei Burgen: Ardres, das seiner Mutter gehört hatte, und Bourbourg, das er über seine Gattin erhalten hatte. Frieden und Wohlstand in den beiden Lehnsherrschaften hingen nun von ihm ab. Er konnte sich jetzt nicht mehr wie ein sorgloser junger Narr aufführen. Er musste sich bemühen, vernünftig zu erscheinen, genau wie die anderen Burgherren, die er am Hof des Grafen von Flandern traf. Als die Turniersaison begann, drängten ihn seine Ritter, sie zu den Veranstaltungen zu führen.

Er nahm sie unter seinem Banner mit, stürzte sich aber nicht mehr unbesonnen mit ihnen ins Kampfgetümmel. Mit den anderen Ehemaligen würdigte er von weitem ihre Tapferkeit. Im Übrigen war sein Platz jetzt im Hause, im Großen Saal. Dort saß er, mit der Dame des Hauses an seiner Seite, und hielt Hof, nahm die Treueide entgegen und sprach Recht. Nun überwachte er seinerseits die Erziehung der Jungen. Er bemühte sich, in ihren Augen als das Vorbild eines guten Ritters zu erscheinen.

Offenheit und Freundschaft

Die Tür seiner Burg stand vielen offen. Er rief seine Vasallen zu sich und empfing mit offenen Armen alle Ritter und Priester, die in der Nähe vorbeikamen. Je mehr Gäste er hatte, desto mächtiger fühlte er sich. Das Ansehen eines Herrn wurde an der Zahl der Personen gemessen, die er um sich scharen und ernähren konnte. Nirgends war die Freundschaft, die so kostbar war, weil auf ihr der gesamte Ritterorden aufbaute, so herzlich wie an den großen Tafeln, die die Diener für die Bankette im Großen Saal der Burg ausrichteten.

Jede Mahlzeit war eine Zeremonie, bei der das gute Einvernehmen zelebriert wurde. Einer der Vasallen von Arnoul führte die Aufsicht über das Mahl. Wie bei den höchsten Fürsten versah er das Amt des »Seneschalls«. Seine Aufgabe bestand zunächst darin, Wasser über die Hände der Gäste zu gießen (denn sie aßen mit den Fingern), dann das Fleisch zu schneiden, das aus der Küche gebracht wurde. Schließlich verteilte er die Stücke auf den großen Brotscheiben, die als Teller dienten. Die Knappen füllten die Pokale, die man von Hand zu Hand reichte (es hatte nicht jeder seinen eigenen). Bisweilen unterhielten fahrende Sänger die Gäste während des Essens.

Freigebigkeit und Gastfreundschaft

Um jeden seiner Gäste zufrieden zu stellen, achtete Arnoul darauf, dass das weißeste Brot aufgetischt wurde und nicht an Pfeffer und all den duftenden Gewürzen gespart wurde, die aus dem fernen Orient herbeigebracht worden waren. Er wollte schmackhafte Speisen und ordnete an, dass der Wein – und zwar der beste – in Strömen fließen sollte. Und damit die Angehörigen seines Hausverbandes ihn bereitwillig bedienten, damit die Besucher sich noch lange an seinen Empfang erinnerten und überall seine Freigebigkeit preisen würden, schickte er Knechte aus, um auf den Märkten einige der schönen

Das Bedienen bei Tisch
Zu den Aufgaben der jungen Ritterschüler gehört es auch, dem Seneschall beim Bedienen während des Festmahls zu helfen.

Ein Bankett bei Baudoin

Lambert von Ardres preist in seinem Bericht die Gastfreundschaft des Grafen von Guînes:

»Guillaume, der Erzbischof von Reims und Sohn von Thibaut, dem Grafen der Champagne, der sich auf Pilgerfahrt nach Canterbury zum Grab des heiligen Thomas Becket befand, wurde von Baudoin, dem Grafen von Guînes, eingeladen, im Saal der Burg von Ardres zu Abend zu essen. Fröhlich wurden alle möglichen Gerichte miteinander geteilt, in den Pokalen, die unter den Gästen umhergereicht wurden, flossen alle erdenklichen Sorten Wein in Strömen, würzige wie auch helle und leichte. Die Gäste aus Frankreich, die den Erzbischof begleiteten, baten um Wasser, um die Stärke des Weins zu mäßigen. Auf Befehl des Grafen schenkten die Diener ihnen anstelle von Wasser teuren Weißwein aus Auxerre in die Pokale. Die Kleriker und Ritter, die freudig feierten, ließen sich hinreißen und fuhren fort, ihre Becher zu leeren. Der Erzbischof sah das, war einen Augenblick lang erschrocken über diesen Auswuchs an Freigebigkeit, erinnerte sich aber dann daran, dass ein Gast sich niemals beklagen darf; er bat den Grafen einfach nur darum, ihm einen Pokal Wasser zu bringen, um zu erfahren, wie dieses schmecke. Baudoin stand lächelnd vom Tisch auf, wie um der Bitte nachzukommen, und begann vor seinen Dienern und den Jungen seines Hauses, alle Behälter mit Wasser zu zerschlagen und mit Füßen zu treten. Er tat vor den jungen Männern, die zu viel getrunken hatten, so, als sei er selbst betrunken, um sich zu Ehren des Erzbischofs in allen Dingen scherzend und vergnügt zu zeigen. Dieser war schließlich von der Freigebigkeit und der Fröhlichkeit Baudoins bezaubert und versprach ihm, künftig alles zu tun, was dieser wolle.

Was ich berichte, mag genügen, damit alle, die mir zuhören, wissen, wie der Graf ganz nach der Freundschaft, die er für sie empfand, unzählige Personen behandelte. Als der Erzbischof sich zurückzog, machte der Graf ihm zur Erinnerung zwei Fläschchen voll kostbarer Flüssigkeit zum Geschenk. Mit derselben guten Laune empfing er viele Durchreisende und nötigte sie dazu, lange Zeit bei ihm zu verbringen.«

Freigebigkeit und Gastfreundschaft

*DIE BEDEUTUNG DES SENESCHALLS
Der Seneschall, dem die Schildknappen bei seiner Arbeit zur Seite stehen, hat die wichtige Aufgabe, die Essenszeremonie zu leiten. Alles muss perfekt sein, damit es den Teilnehmern gefällt, denn die Regel der Gastfreundschaft verlangt, dass niemand je Anlass zur Klage haben soll.
(Grandes Chroniques de France, 14. Jh.)*

Tücher zu kaufen, die in den Städten Flanderns und des Artois, einer Landschaft in Nordfrankreich an der Straße von Dover, gewebt wurden, und machte sie seinen Freunden zum Geschenk, damit Freude seine Person umstrahle.

Um Küche und Keller seines Hauses zu versorgen, ließ Arnoul wie seine Vorfahren seine eigenen Ländereien bestellen. Er war bemüht, den Ertrag zu steigern, und befahl, große Sümpfe zwischen Ardres und Bourbourg trockenzulegen, um dort Bäume zu pflanzen und Schafe zu züchten. Zu diesem Zweck stellte er Arbeiter ein. Die Zeiten hatten sich gewandelt: Die Unfreien kamen nun nicht mehr, um Frondienste auf den Feldern des Lehnsherrn zu verrichten, sie brachten ihrem Herrn auch nicht mehr einen Teil ihrer Ernte. Jetzt lieferten die Untertanen der Lehnsherrschaft Geldmünzen ab. Sie erwarben sie wesentlich leichter als früher, und der Lehnsherr war immer dringender auf dieses Geld angewiesen.

Das Ende der Jugend

SILBERMÜNZEN
*Jeder König lässt
Münzen schlagen, die
sich von denen seines
Vorgängers unterschei-
den. Hier ein Denier
von Ludwig VII.
(1120–1180), dessen
Rückseite mit einem
Kreuz versehen ist.*

MAUT
*Ein Wechsler sitzt vor
seinem Tisch und wech-
selt die Münzen der
Reisenden, die das
Territorium seines
Herrn durchqueren.
Vor allem aber zieht
er die Summe ein, die
man bezahlen muss, um
das Gebiet durchqueren
zu dürfen: die Maut.
(De l'univers, von
Raban Maur, 11. Jh.,
Archiv der Abtei von
Monte Cassino.)*

Geld

Arnoul benötigte immer mehr Geld und war daher versucht, die Bauern stärker auszubeuten. Allerdings konnte er nicht zu weit gehen. Sein Recht wurde durch Sitten und Gebräuche beschränkt. Wenn er diese nicht respektierte, musste er den Zorn der Unfreien fürchten. Der Priester Lambert hatte ihn in der Familiengeschichte, die er für Arnoul schrieb, an das Unglück zweier habgieriger Vorfahren erinnert. Gott hatte die Wünsche der Hirten aus der Gegend von Guînes erhört und einen von ihnen gestraft: Er war in einem Turnier gestorben, bei dem er das auf schlechte Weise erworbene Geld verprasste. Der andere, Arnouls Großonkel, war in einem Wald von seinen Küchenjungen ermordet worden, die den Geiz ihres Herrn nicht länger ertrugen.

Das Land in der Umgebung brachte ihm zwar nur wenig Geld ein, aber Arnoul holte es sich dafür bei den Händlern, die im Marktflecken und vor den Toren seiner Burgen Handel trieben, und stärker noch bei den Reisenden, die sein Herrschaftsgebiet durchquerten. Eine der meistbenutzten Straßen Europas führte durch sein Territorium, eine Straße, die England mit dem Kontinent verband. Durch die Eintreibung des Wegegeldes, der »Maut«, war sie für Arnoul in Ardres und für seinen Vater Baudoin in Guînes eine reichlich sprudelnde Geldquelle. Allerdings wurde es immer teurer, sich freigebig zu zeigen und zu verteilen, wie es jeder Lehnsherr tun musste, damit ihm gehorcht wurde. Auch ein tapferer Recke zu sein und Krieg zu führen, wie es sich gehört und wie es die Pflicht eines jeden Ritters war, wurde immer teurer.

Der neue Krieg

AUFBRUCH IN
DEN KAMPF
*Die Pferde sind mit
Harnischen versehen,
die Helme befestigt
und die Banner gehisst
— so ziehen die Ritter
in geordneter Reihe
zum Kampfplatz.
(Manuskript aus dem
12. Jh., aufbewahrt
in der Bibliothek des
Escorial, Spanien.)*

Wie du weißt, ändert der Krieg sein Gesicht mit der Zeit, in der er stattfindet. Du kennst sicher genügend Bilder aus dem Zweiten Weltkrieg, um zu wissen, dass man 1991 im Golfkrieg anders gekämpft hat als 1944 in der Normandie. Innerhalb eines halben Jahrhunderts hat sich die Waffentechnik beträchtlich weiterentwickelt.
In dem halben Jahrhundert, das Arnouls Geburt von der Schlacht von Bouvines im Jahr 1214 trennt, hatte ein ähnlicher Fortschritt in den Kampftechniken stattgefunden. In Konstantinopel, in Armenien, Syrien und Palästina hatten die Kreuzfahrer sehr viel wirkungsvollere Angriffs- und Verteidi-

Das Ende der Jugend

gungsmethoden kennen gelernt, und die Fürsten Europas hatten sich bemüht, sie zu übernehmen.

Die Rüstung der Ritter war noch solider geworden. 1214 begann man damit, Brust und Flanke der Streitrösser mit Eisen zu schützen, denn hier war der Krieger am verwundbarsten. Wenn sein Pferd getötet und er selbst zu Boden geworfen worden war und in seinem immer unbeweglicheren Harnisch stecken blieb, war er den Launen seiner Angreifer ausgeliefert. An dem Tag, als Guillaume le Maréchal Richard Löwenherz im Kampf gegenübergestanden hatte, dem Sohn und zugleich Feind seines Herrn, König Heinrich II., hatte er mit einem Lanzenstoß das Reittier des Kronprinzen umgeworfen und ihn auf diese Weise seiner Gnade ausgeliefert. Das sollte Richard ihm nie verzeihen.

STEINERNE BEFESTIGUNGSMAUER
Manche Burgen, wie hier die Burg von Loches (Departement Indre-et-Loire in Mittelfrankreich, 11. Jh.), sind inzwischen mit einer doppelten Mauer umgeben: Sie wird von Zinnen und Pechnasen überragt, die den Wehrgang schützen, und ist mit

Schießscharten versehen, aus denen die Verteidiger die Angreifer beschießen können.

Befestigungsanlagen und Belagerungsmaschinen

Die Weiterentwicklung der Verteidigungsmethoden betraf jedoch vor allem die Befestigungsanlagen. Die Burgen veralteten schneller als die Rüstungen. Die alten Holztürme hatten einen großen Nachteil: Sie brannten. In den Ländern, die die Ritter auf ihrer Pilgerfahrt nach Jerusalem durchquerten, waren die Türme alle aus Stein.

Am Ende des 12. Jahrhunderts bauten sich alle wohlhabenden Herren in Nordfrankreich neue Bergfriede aus Stein; auch die Umfassungsmauer des Hofs wurde nun aus Stein gebaut, was eine große Neuerung darstellte. Gräben und Palisaden reichten nicht mehr aus, jetzt mussten Mauern errichtet werden.

Um Angriffen besser Widerstand leisten zu können, verringerte man die Fläche der Burg. Sie wurde kompakter, genau wie die Helme der Ritter. Außerdem wurden die Verteidigungsvorrichtungen übernommen, die man bei den Festungen im Heiligen Land gesehen hatte.

Die neuen Türme waren nicht mehr eckig, sondern rund, wie zum Beispiel die Türme, die Philipp August ab 1190 am Louvre und an den Stadtmauern von Paris und an allen strategischen Punkten der Krondomäne errichten ließ. Baudoin, der Vater von Arnoul, machte es ihm nach. Angesichts wachsender Gefahren baute er in Stein: Mit großen Kosten errichtete er um seine Burg in Guînes und um die drei anderen Burghügel, die die Grafschaft schützten, Burgmauern und Tore. Sein Sohn wiederum ließ den Marktflecken Ardres mit einer Mauer umgeben.

Zwischen den Verteidigungstechniken und den Angriffsmethoden gab es eine Art Konkurrenz. Sobald die einen verbessert wurden, erlebte man, wie die anderen ausgebaut wurden, um die einen zu übertreffen. Die Kriegsführer zwangen die Handwerker, Schmiede und Zimmerleute, die die Angriffswaffen herstellten, zu immer besseren Leistungen.

Die Zeit der »Ingenieure«

Der Fortschritt im Bereich der Wurfgeschosse zeigte sich an der Einführung von zwei mechanischen Verfahren, die es ermöglichten, die menschliche Kraft beträchtlich zu überbieten: das System der Wippe mit Gegengewicht und das System der Federspannung. Sie wurden bereits zur Zeit der Römer benutzt. Im Dienste der mächtigsten Fürsten waren die »Ingenieure« (das französische Wort stammt aus dieser Zeit und bezeichnete ursprünglich die Konstrukteure der Kriegsmaschinen) damit beschäftigt, die Geräte zu perfektionieren. Sie wandten die Technik der Seilwinde, die man zu dieser Zeit benutzte, um die Gewölbe der Kathedralen und die Mauern

Das Ende der Jugend

der Bergfriede immer höher und höher zu bauen, auf die Wurfmaschinen und vor allem auf die großen Kriegsmaschinen an, die während der Belagerungen dazu verwendet wurden, die Mauern niederzureißen.

Von diesen Maschinen gab es zwei Typen. Beim ersten Typ diente die Winde dazu, ein sehr schweres Gegengewicht weit in die Höhe zu winden; es wurde abrupt gelöst und verlieh bei seinem Aufprall der Wippe ausreichend Kraft, um ein viel schwereres Geschoss sehr viel weiter zu werfen. Mit den anderen Maschinen, den Ballisten oder Bleiden, gelangte man zum selben Ergebnis, indem man dank der Winde die Spannung der Feder erhöhte. Diese großen Schleudern waren gewaltige Apparate und schwer zu transportieren. Im Allgemeinen wurden sie an Ort und Stelle vor den Befestigungsmauern aufgebaut, die man durchbrechen wollte. Diese Maschinen waren auch sehr langsam. Sie konnten an einem Tag bestenfalls fünf oder sechs Steine schleudern. Diese aber waren sehr schwer, brachten die dicksten Befestigungen ins Wanken und konnten mit einem Schlag einen alten, hölzernen Bergfried zertrümmern.

PERFEKTIONIERTE BELAGERUNGSMASCHINEN
Je aufwendiger die Befestigungen gebaut werden, desto ausgetüftelter werden auch die Angriffs- und Belagerungstechniken. Es werden immer mehr Belagerungsmaschinen verwendet, die schwere Steine schleudern oder mit denen die Angreifer sich auf die Höhe der Befestigungsmauer begeben können, wie man es auf dem Bild ganz links und rechts sieht.

114

Château-Gaillard:
Ein befestigtes Lager

Richard Löwenherz hatte 1196 im Seine-Tal oberhalb von Les Andelys an der Grenze der Normandie eine gewaltige Festung errichtet, die deshalb Château-Gaillard (das heißt »kraftvolle Burg«) genannt wurde. Auf einem Steilhang, der von den Bauern der Umgebung mit Spitzhacken noch steiler gemacht worden war, erhob sich ein mächtiger Bergfried, der von einem dreifachen Ring steinerner Befestigungsmauern umgeben war. Weiter unten, auf der Höhe des Flusses, wurde die Festung durch vorgeschobene Befestigungsanlagen geschützt. Die Festung war uneinnehmbar, riegelte das Tal ab und schützte dadurch Rouen, die Hauptstadt des Herzogtums Normandie, gegen die Angriffe des Königs von Frankreich.

Im September 1203 fasste Philipp August den Entschluss, sich der Besitztümer von Johann Ohneland, Richards Nachfolger, zu bemächtigen, und begann mit der Belagerung der Burg. Mit Leichtigkeit eroberten seine Soldaten die ersten Verteidigungsanlagen. Oben angekommen, ließ der König gegenüber von Château-Gaillard ein befestigtes Lager errichten, um den Zugang zur Burg abzuriegeln. Er machte sich keine Hoffnung, sie im Sturm nehmen zu können, sondern rechnete damit, die Verteidiger zum Aufgeben zu zwingen, indem er sie aushungerte. Um länger durchzuhalten, vertrieben die normannischen Ritter alle unnützen Esser aus der Burg – die Quellen sprechen von fünfhundert Menschen. Mitten im Winter irrten sie lange Zeit zwischen beiden Armeen in den Gräben umher. Im Februar war der französische König das Warten leid und griff an. Er ließ den Graben auffüllen, die Wurfmaschinen herbeiholen, Holztürme errichten und die Fundamente der ersten Mauer untergraben. Ein Mauerteil brach zusammen, aber die Bresche öffnete nur den ersten Befestigungsring. Lange Zeit standen die Franzosen vor dem zweiten und kamen nicht von der Stelle. Schließlich gelang es einem der Söldner, sich durch das Latrinenloch eines der Türme zu zwängen. Er öffnete das Tor und ließ seine Gefährten hinein. Die Belagerten zogen sich in den dritten Befestigungsgürtel zurück, der schließlich am 6. März erobert wurde – nach acht Monaten Belagerung.

GEBIETERIN ÜBER DAS TAL
Die von den Engländern besetzte Burg Château-Gaillard leistete den Belagerern unter Philipp August über lange Monate Widerstand. Noch heute kann man die Reste der drei hintereinander liegenden Umfassungsmauern und des Bergfrieds sehen.

Das Ende der Jugend

ARMBRUSTSCHÜTZEN
Die Armbrust gehört eher zur Ausrüstung der Söldner als der Ritter. Beim Laterankonzil im Jahr 1139 wird Christen ihr Einsatz verboten (gegen die Ungläubigen im Heiligen Land ist er allerdings erlaubt). Dennoch bleibt sie bis zum Auftauchen der Arkebuse weit verbreitet, obwohl sie schwer ist und nicht leicht zu bedienen: Sie wiegt etwa zwanzig Kilo und schießt mit eisernen Pfeilen von 400 Gramm.

Eine schändliche Waffe

Auch die Rüstungen der Ritter hatten unter einer neuen Waffe zu leiden: der Armbrust. Die Armbrust ist eine Art kleine Wurfmaschine. Auch sie ist sehr langsam, sehr viel langsamer als ein Bogen, ermöglicht es aber, sehr viel genauer zu zielen und vor allem sehr viel schwerere Eisenpfeile zu schießen. Daher hatte sie eine sehr viel stärkere Durchschlagskraft als der Pfeil des Bogens. Die Armbrust, mit der man das dichteste Kettenhemd und den stabilsten Schild durchdringen konnte, erschien den Menschen als eine teuflische Waffe, und die Ritter empfanden ihre Verwendung als skandalös und unmoralisch, so wie es für uns heute der Einsatz der Atombombe ist. Die Kirchenführer wiederholten das ganze 12. Jahrhundert hindurch, es sei Sünde, sich einer Armbrust zu bedienen. Tatsächlich erlegten sich die Ritter selbst das Verbot auf, Armbrüste zu verwenden. Sie hielten es für einen Verstoß gegen die Ehre, auf diese Weise aus der Ferne und ohne Risiko einen anderen Ritter zu töten. Die schändliche Waffe blieb eine Waffe der Armen. Aber die immer zahlreicher werdenden Armen, von denen sich viele für Geld in den Dienst von Fürsten stellten, verwendeten sie, um die Ritter zu töten. Das war die zweite große Neuerung des 12. Jahrhunderts, die das Wesen des Krieges vollständig veränderte – eine ganz neue Art von Kriegern tauchte auf: die Söldner.

Söldner

Die Söldner waren Krieger, die sich in kleinen Trupps eng zusammengeschlossen hatten und sich für eine Saison verdingten. Im Französischen hießen sie damals »Routiers«, weil sie eine »Route« bildeten, eine »Rotte«, also einen kleinen Trupp, der unter dem Befehl eines »Rottmeisters« stand. Es waren Berufskrieger, die für Geld arbeiteten. Sie wurden unter den Bewohnern der armen Gegenden angeworben und kämpften zu Fuß wie Bauern und Bürger. Genau wie diese waren sie mit Waffen ausgerüstet, die die Ritter verachteten und nicht benutzten: Piken, Äxte und natürlich Armbrüste. Im Kampf erwiesen sie sich als noch wirkungsvoller als die mit Lanzen bewaffneten Reiterschwadronen. Die Ritter stießen hier auf einen Gegner, der in der Lage war, sie zu besiegen, und der eine wirkliche Gefahr darstellte, weil er ihre Bräuche nicht beachtete und nicht ehrenhaft kämpfte.

In der Schlacht stellten die Söldner sich zu einem geschlossenen Block auf, der mit auswärts gerichteten Hellebarden gespickt war und den die Angriffe der Ritter nicht aufbrechen konnten. Die Söldner marschierten wie eine lebende Mauer vorwärts und schossen mit den gefürchteten eisernen Armbrustpfeilen. Oder sie durchbrachen einzeln die Reihen der Ritter und brachten dort ihre kurzen Waffen, Messer und Dolche, zum Einsatz, um die Sprunggelenke der Streitrösser zu durchtrennen oder sie in den Bauch zu stechen und niederzumachen. Dann wandten sie sich den zu Boden geworfenen Rittern zu und stachen gnadenlos mit ihren Klingen zwischen die Verbindungsstellen der Kettenhemden oder Helme, schlitzten ihnen die Kehle auf und raubten sie aus.

Effizienz der Söldner

Die Söldner waren auch sehr nützlich, um mit den neuen Befestigungen zurande zu kommen. Sie waren in der Lage, die Schwachpunkte in der steinernen Umfassung herauszufinden, sich dort einzuschleichen und die Verteidiger von hinten zu überraschen. Überfälle von Söldnertruppen galten in dieser Zeit genau wie die Verbreitung der Armbrust als das Werk des Teufels. Die Bischöfe riefen dazu auf, die Söldner zu vernichten, die Erde von dieser Geißel zu reinigen, die Gott, der über sein Volk erzürnt sei, zur Strafe für dessen Sünden ge-

Das Ende der Jugend

sandt habe. Philipp August brüstete sich damit, in der Anfangszeit seiner Regierung eine dieser Banden vernichtet zu haben, die ohne Beschäftigung gewesen waren und auf eigene Faust die ländlichen Gebiete im Berry (in Mittelfrankreich) verwüstet hatten.

Allerdings bot die neue Waffe andererseits nur allzu viele Vorteile. Sie entschied über den Sieg. Ein Söldner war es, der mit einem Armbrustschuss am 26. Mai 1199 den englischen König Richard Löwenherz tötete, Idol der Ritterschaft und unbesiegbarer Gegner des französischen Königs. Ein Söldner war es auch, dem es im Jahr 1204 gelang, in die uneinnehmbare Festung Château-Gaillard (s. S. 115) an der Grenze zur Normandie einzudringen und Philipp August auf diese Weise den Sieg über Johann Ohneland, den Bruder und Nachfolger von Richard Löwenherz, zu ermöglichen. Die Fürsten achteten die Warnungen der Bischöfe also gering. Wie sich früher ihre Väter am Ende der Turniere die besten Kämpfer streitig gemacht hatten, so machten sie sich jetzt die besten Söldnertruppen streitig. Während die Ritterschaft an der Schwelle zum

13. Jahrhundert erlebte, dass sie nicht mehr das Monopol der alleinigen Entscheidungsmacht im Kampf besaß, wurden die Rottmeister der Söldnerrotten zu berühmten Männern, die respektiert wurden und enorme Reichtümer ansammelten.

Die Unterwerfung der Ritterschaft

Die Söldner verlangten sehr viel Geld. Nur große Herren waren daher in der Lage, sie in ihre Dienste zu stellen. Die kleinen und mittleren, diejenigen, die nur auf einer Burg herrschten oder, wie Arnoul oder sein Vater Baudoin, auf zwei Burgen (denn die Grafschaft von Guînes war ein bescheidnes Fürstentum), hatten große Mühe, das nötige Geld aufzutreiben, um die Verteidigung ihrer Festung zu verbessern. Da die notwendige Ausrüstung eines Reiters immer kostspieliger wurde, statteten die Herren immer weniger neue Ritter aus. Der Brauch erlaubte es ihnen zwar, eine besondere Steuer für die Schwertleite ihres ältesten Sohnes zu erheben, aber sie

DIE SÖLDNERFRONT Auf beeindruckender Länge steht hier eine dichte Reihe von Söldnern, die mit Hellebarden und Schilden bewaffnet sind, ihren Feinden den Weg versperren und die Reiterangriffe hart abwehren. (Beatus de Liébana aus Saint-Sever, 11. Jh.)

Das Ende der Jugend

mussten die Zahl der Jungen verkleinern, die am selben Tag wie ihr eigener Sohn und Erbe die Schwertleite empfingen. Die Söhne ihrer Vasallen blieben also noch lange nach Ende ihrer Lehrzeit Schildknappen. Manche blieben es ihr ganzes Leben.

So ging der Bestand an Reiterstoßtruppen zurück, und die Fürsten begannen sich Sorgen zu machen. Zu diesem Zeitpunkt setzte die Entwicklung ein, die das Rittertum im Lauf der Jahrhunderte schließlich zu einer schlichten

*EIN HINTERHALT
Die Söldner sind in eng zusammenhaltenden Banden organisiert und greifen die Ritter an, ohne Rücksicht auf deren Sitten oder Ehrenkodex zu nehmen. Im Kampf sind sie sehr exponiert und äußerst gefährlich, wie es die Abbildung, der Bericht vom Tod von Richard Löwenherz, zeigt.*

Der Tod von Richard Löwenherz

Am 26. März 1199 belagerte Richard Löwenherz, König von England und – im Namen seiner Mutter – Herzog von Aquitanien, die Burg von Châlus im Limousin (Grafschaft in Mittelfrankreich), um einen treuebrüchigen Vasallen zu bestrafen. Mercadier, der Rottmeister einer Söldnerbande, die in seinen Diensten stand, begleitete ihn. Ein von der Burgmauer heruntergeschossener Armbrustpfeil verwundete den König an der linken Schulter. Die Verletzung entzündete sich. Die Söldner nahmen die Burg ein. Sie töteten alle Verteidiger bis auf den Armbrustschützen, den sie zu dem sterbenden König brachten. In den englischen Chroniken, die von dem Ereignis berichten, lesen wir den folgenden, wahrscheinlich erfundenen Dialog: »Warum hast du mich getötet?« – »Du hast doch auch meinen Vater und meine Brüder getötet, ich habe mich gerächt.« Der König soll befohlen haben, seinen Mörder laufen zu lassen, aber kaum hatte Richard seinen letzten Atemzug getan, ließ Mercadier dem Armbrustschützen bei lebendigem Leibe die Haut abziehen und ihn dann hängen.

120

Würde, einer Auszeichnung (wie es heute die Ritterorden sind), einer Bruderschaft, einer Art geschlossenem Club machen sollte, dessen Mitglieder untereinander ein Ideal, eine bestimmte Verhaltensweise kultivierten und die Regeln der Ehre, der Treue und der Höflichkeit befolgten. An diese Verhaltensweisen denken wir heute, wenn wir sagen, ein Mann oder ein Verhalten sei »ritterlich«.

Der wachsende Einfluss der Großen

Außerdem verlor die Ritterschaft, die immer in Geldnöten war, ihre Unabhängigkeit. Sie musste sich der Macht der großen Herren, dem König von Frankreich, dem Herzog der Normandie, dem Grafen der Champagne oder dem Grafen von Flandern beugen. Das waren die Herren über die großen

EINE KRIEGERSCHAR
Zwei Ritter reiten an der Seite ihres Herrn und schützen ihn so vor einem eventuellen Angriff. Im Lauf der Jahre hat diese Rolle für die Begleiter des Königs eine ganz besondere Bedeutung erlangt.

Das Ende der Jugend

KLEIN, ABER IMMER
STÄRKER VERBREITET
*Hier (und auf S. 120)
sind zwei Deniers zu
sehen, Silbermünzen,
die unter Philipp
August geprägt wurden.
Auf S. 120 der
»Denier Tournois«,
der in der Stadt Tours
geprägt wurde und in
Westfrankreich
Verbreitung fand,
rechts der »Denier
Parisis«, der in Paris
geprägt wurde.*

Handelsstraßen, über die großen Messen und
Handelsstädte, in denen sich das Geld häufte,
von dem sie profitierten, ausreichend jedenfalls, um die Wildheit der Ritter in Schranken
zu halten. Das gelang ihnen dank des Geldes
auf zweierlei Weise: erstens, indem sie nun die
militärischen Möglichkeiten hatten, jeglichen Versuch des bewaffneten Widerstands mithilfe von Wurfmaschinen oder Söldnertruppen zu brechen, und zweitens, indem sie
die Adligen durch ihre Freigebigkeit an sich banden.

Die Dichter, die in ihrem Auftrag schrieben, priesen die
Freigebigkeit der großen Herren als eine der wesentlichen
Tugenden der Ritter. Die Herren, die sich selbst als vollkom-
mene Ritter darstellten, verteilten freigebig schöne Kleidung,
Rassepferde und vor allem Silbermünzen, die großen Wert
besaßen, weil sie selten waren und weil die Burgherren stän-
digen Bedarf hatten. Alle Ritter der Gegend drängten an den
Hof ihrer Herren, um ihren Anteil zu bekommen; sie achte-
ten darauf, ihnen nicht zu missfallen, und stellten sich unter
ihr Banner, wenn sie ihre Vasallen und die Vasallen ihrer
Vasallen für einen Kriegszug zusammenriefen. Auf diese
Weise entwickelten sich große Staaten, die bei ihrer wachsen-
den Ausweitung unvermeidlich gegen rivalisierende Staaten
Krieg zu führen begannen.

Der Soldatenberuf

Zu Beginn des 13. Jahrhunderts herrschte beständig Krieg.
Mit jedem Frühjahr kehrte auch die Kampfsaison wieder.
Arnoul legte sein Kettenhemd an, bestieg sein Schlachtross
und ritt gegen den Feind, wie es schon sein Großvater getan
hatte. Sein Großvater allerdings hatte – vierzig Jahre zuvor –
allein mit den Rittern seiner Burg entschieden, die Ländereien
des Grafen von Guînes oder des Burgherrn von Bourbourg
oder auch eines seiner aufständischen Vasallen zu verwüsten.

Arnoul dagegen war nicht frei in seinen Bewegungen. Man sah ihn zwar noch bisweilen, wie er gegen einen seiner Nachbarn ritt, der ihn herausgefordert hatte, allerdings wurden die Privatkriege zwischen einzelnen Burgen seltener. Wohl oder übel unterwarfen die kleinen und mittleren Herren die Streitigkeiten, die sie spalteten, dem Schiedsspruch der größeren. Wenn Arnoul kämpfte, geschah das meistens für die Interessen anderer, nicht für seine eigenen. Gegen seinen Willen war er in die Streitigkeiten des Grafen von Flandern eingebunden, dem sein Vater und er Treue geschworen hatten und dem er dienen musste.

In der Armee des Grafen

Arnoul kam diesen Einberufungen übrigens gern nach, und seine eigenen Vasallen, Ritter oder Knappen, begleiteten ihn ebenfalls bereitwillig. Denn in der Armee des Grafen fanden sie nicht nur Vergnügungen, sondern hatten genau wie beim Turnier die Gelegenheit, Gefangene zu machen und damit

DIE SCHILDKNAPPEN Die Zahl der Schildknappen, die ihrem Herrn zur Seite stehen und sein Wappen auf den Schlachtfeldern tragen, wird immer größer. Immer weniger werden zu Rittern geschlagen, weil die Schwertleite eine zu kostspielige Zeremonie geworden ist. Diese beiden Darstellungen von Kriegern schmücken eine farbige Hochzeitstruhe aus dem 12. Jahrhundert, die im Kirchenschatz der Kathedrale von Vannes aufbewahrt wird.

Das Ende der Jugend

Lösegeld zu bekommen. Sie hatten nichts zu verlieren: Wenn sie gefangen genommen wurden, kauften sie sich nicht selbst frei, der Graf bezahlte. Sie profitierten auch davon, dass die kriegerischen Unternehmungen allmählich länger dauerten: Die neuen Befestigungsanlagen hielten den neuen Kriegsmaschinen stand, und die Belagerung einer Burg oder eines Marktfleckens konnte Monate dauern. Vierzig Tage lang kämpfte ein Vasall kostenlos für seinen Herrn, das war sein Lehensdienst. Sobald diese Zeit aber abgelaufen war, hatte er das Recht heimzukehren. Wenn der Herr ihn behalten wollte, musste er ihm einen »Sold« zahlen. Auf diese Weise wurden die Ritter zu »Soldaten«. Sie gewöhnten sich an, für Geld zu kämpfen, und glichen immer mehr den Söldnern, ohne es zu merken.

Der Sold

Im Jahr 1198 belagerte der Graf von Flandern, der sich im Kampf gegen den König von Frankreich befand, die kleine Stadt Saint-Omer. Auch Arnoul war dabei und kampierte mit den Rittern der Burg Ardres und der Burg Bourbourg im Zelt. Er vollbrachte wahre Wunder. Auf seinen Befehl hatten Zimmerleute einen Holzturm errichtet, der höher war als die Stadtmauern, und obwohl der Ort von einem seiner Cousins verteidigt wurde, den er sehr mochte, nämlich vom Burgherrn Guillaume, kletterte Arnoul jeden Tag mit seinen Männern hinauf, um die Wehrgänge der Mauer des Marktfleckens mit Geschossen zu durchlöchern. Die Verteidiger leisteten jedoch Widerstand und ergaben sich nicht.

Dann kam der Winter und damit schlechtes Wetter. Die Belagerung wurde aufgehoben. Arnoul erhielt seine Belohnung. Richard Löwenherz, der Verbündete des Grafen im Krieg gegen Philipp August, hatte von England aus Fässer voller Silbermünzen nach Flandern geschickt. Arnoul erhielt einen ordentlichen Batzen, und drei Jahre später, als sein Herr zum

Der Sold

Der Turm von Montlhéry
Nachdem die Türme lange Zeit rechteckig gewesen sind, werden sie rund gebaut. Bei einem Rundbau gibt es bei Angriffen keine toten Winkel mehr, und man braucht weniger Steine beim Bau als zuvor. Dieser Turm hier, der während der Herrschaftszeit von Philipp August errichtet wurde, überragt seine Umgebung im Departement Essonne südlich von Paris.

Kreuzzug aufbrach, gab er ihm, was er ihm noch schuldete: hundert »Livres«. Als guter Ritter mochte Arnoul Geld nicht: Er mochte den Krieg und kämpfte so gut wie möglich. Der Krieg brachte ihm einiges ein, kostete ihn aber auch einiges. Was tat er mit den hundert Livres? Er beglich einige seiner Schulden. Er war nämlich hoch verschuldet. Um sich zu bewaffnen und seine eigene Gruppe von Kämpfern zu unterhalten, hatte er sich überall bei den Bürgern, die er verachtete, Geld leihen müssen.

Das Ende der Jugend

Der Tod des Vaters

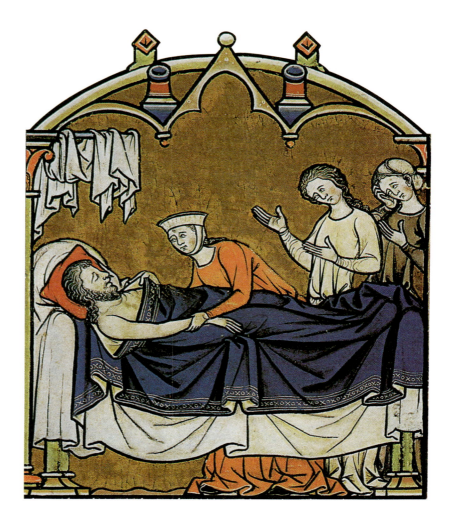

DER NAHE TOD
In Gesellschaft seiner Frau und seiner Kinder liegt der Grundherr im Sterben. Er hat seine Fehler einem Priester gegenüber bereut, um mit leichtem Herzen und reiner Seele ins Paradies eingehen zu können. Außerdem hat er sein Erbe geregelt, indem er alle seine Güter seinem ältesten Sohn vermacht hat. (Manuskript vom Ende des 13. Jhs.)

Manchmal nahm der Krieg eine schlechte Wendung. Im Jahr 1203 wurde Baudoin, Arnouls Vater, von der Armee Philipp Augusts gefangen genommen. Da er das Geld für seine Freilassung nicht zusammenbringen konnte, musste er das Lager wechseln. Er verließ das Lager des Grafen von Flandern und schwor dem König von Frankreich Treue. Baudoin war sehr alt. Das Missgeschick ging ihm nahe. Zwei Jahre später, im Herbst, wurde er krank. Da ordnete er seine Nachfolge.

126

Die Erbfolge

Es war sehr einfach. In diesem Punkt war die Tradition klar: Der älteste Sohn erhielt das gesamte Erbe, und Baudoin hatte seine anderen Kinder gut genug untergebracht, dass sie nicht auf die Idee kamen, gegen Arnoul anzukämpfen, um einen Teil des Erbes zu erhalten. Die Töchter waren verheiratet und hatten nichts zu fordern. Von den fünf Söhnen war einer Priester und lebte bequem von den Einkünften seines Amtes; zwei andere hatten selbst eine Frau gefunden und sich bei ihr niedergelassen. Der zweite Sohn, Manassé, den der Graf nach Arnoul am meisten liebte, hatte ebenfalls sein eigenes Haus, eine kleine Burg, die sein Vater auf einem Stück Land hatte errichten lassen, das er gekauft hatte.

Auf zwei Dinge möchte ich hinweisen. Erstens darauf, dass alle Söhne Baudoins – bis auf den Priester – verheiratet waren. Das war eine Neuheit, die das Rittertum zu verändern begann. Zu Anfang des 13. Jahrhunderts sah man sehr viel weniger unverheiratete Ritter, die ohne Bindung umherzogen, als noch zwanzig Jahre zuvor.

Warum? Weil das Geld (immer wieder das Geld) im Leben inzwischen eine sehr viel größere Rolle spielte. Die Väter nutzten es, um ihren jüngeren Söhnen dabei zu helfen, einen Hausstand zu gründen, ohne dabei an das Land der Vorfahren zu rühren, das vollständig dem Erstgeborenen vorbehalten war. Dann gab es noch eine weitere Neuerung: Die beiden Söhne, die Baudoin selbst untergebracht hatte, Arnoul und Manassé, waren seine Vasallen geworden. Sie hatten ihre Hände in seine gelegt und hatten ihm Treue geschworen im Austausch für alles, was sie von ihm empfangen hatten. Das verpflichtete sie dazu, ihn nicht zu verraten. Das inzwischen zur Vollkommenheit entwickelte Feudalsystem wurde auf diese Weise dazu benutzt, nicht nur die Macht der Staatschefs über die Burgherren zu stärken, sondern auch die Macht der Väter über ihre Söhne, um Zerwürfnisse innerhalb der Familie zu vermeiden.

Das Ende der Jugend

In den letzten Tagen seines Lebens schenkte Baudoin alles her, was sich in seinem Zimmer, in der Kleiderkammer und in den Ställen der Burg von Guînes befand, und verteilte es unter denen, die ihm gut gedient hatten: Waffen, Pferde, Prunkkleidung, Schmuck und all das Silber, das sich in seinen Truhen befand. Mönche und Priester waren in großer Zahl herbeigeeilt, als sie erfahren hatten, dass er krank war. So erhielten auch sie ihren Teil, damit sie für das Seelenheil des Sterbenden beteten. Am 2. Januar 1206 tat der Graf, umgeben von seiner ganzen Hausgemeinschaft, seinen letzten Atemzug.

Das Begräbnis

Arnoul war auf Reisen. Seine Frau, die Burgherrin von Bourbourg, organisierte das Begräbnis. Der Abt des Klosters von Andres kam mit seinen Mönchen, um den Leichnam des Verstorbenen in Empfang zu nehmen und ihn in einer Prozession zur Abtei zu geleiten, wo er zu seinen Vorfahren gelegt wurde. Die Kirchenportale blieben bis tief in die Nacht geöffnet.

Die Ritter des Grafen, ihre Damen und die Notabeln des Marktfleckens, die sich neben dem Sarg versammelt hatten, aßen und tranken ein letztes Mal in Anwesenheit ihres Herrn, der sie so lange und so freigebig ernährt hatte. Dann wurde der Leichnam vor dem Hochaltar bestattet. Im Hof war eine große Menge von Armen aus der ganzen Gegend zusammengeströmt und verschlang Brot und Fleisch, das der Graf bereitstellte.

Vom Vater auf den Sohn

Als Arnoul mit verhängten Zügeln herbei eilte, war alles beendet. Seine erste Handlung bestand darin, in Anwesenheit des gesamten Adels feierlich den Namen seines Vater unter dem Datum des 2. Januar in das dicke Pergamentregister eintragen zu lassen, das in der Abtei von Andres dazu benutzt wurde, die religiösen Zeremonien festzulegen. Jedes Jahr würden die Mönche nun an diesem Tag die Messe für ihn singen. Arnoul bezahlte diesen Dienst. Da kein Geld mehr im Haus war, erwarb er den Dienst, indem er bestimmte Steuern aufhob, die sein Vater von einigen Ländereien des Klosters erhielt. Dann nahm er seinen Platz in der Ahnenreihe der Grafen von Guînes ein und ließ sich in der Burg nieder, wie sein Vater es getan hatte. Man übergab ihm das Siegel seiner Ahnen. Als Nächstes befahl er, deren Wappen auf seinen Schild malen, ein blaues Kreuz auf goldenem Grund. Solche Zeichen, die inzwischen fixiert worden waren, gaben an, zu welcher Familie man gehörte; seitdem man die im Helm verborgenen Gesichter nicht mehr erkennen konnte, waren sie erforderlich geworden, um die Ritter beim Turnier oder im Krieg zu unterscheiden. Sein Bruder Manassé und alle Ritter und Schildknappen kamen, um aus Arnouls Händen erneut die Lehen zu empfangen, die sie von seinem Vater erhalten hatten. Sie schritten im Großen Saal an ihm vorbei, und jeder schwor ihm die Treue. Arnoul begab sich seinerseits zu den verschiedenen Lehnsherren, zu deren Vasall sich sein Vater für dieses oder jenes Recht erklärt hatte. Genau wie Graf Baudoin es drei Jahre zuvor getan hatte, trat er auch vor den König von Frankreich, um vor ihm niederzuknien und ihm seine Treue zu schwören. Der König gab den Stab aus seiner Hand in Arnouls Hände, das Symbol des Lehens, das Baudoin durch seinen Tod hatte fallen lassen und das sein Erbe, sein ältester Sohn, nun aufheben und erfüllen musste.

Bild linke Seite:
ZWEI LIEGENDE FIGUREN
Eleonore von Aquitanien und Heinrich II. Plantagenet, König von England, haben am 18. Mai 1152 geheiratet. Das königliche Paar ruht seit fast achthundert Jahren in der Abtei von Fontevrault: Heinrich stirbt 1189, Eleonore 1204. Die beiden liegenden Skulpturen sind lebensgroß und mit verblüffender Genauigkeit in Stein gehauen.

IN VOLLEM GALOPP
Dieser Ritter galoppiert wahrscheinlich zu einer Schlacht oder zu einem Turnier. Bemerkenswert ist die Lebendigkeit der Zeichnung: die Hellebarde in der rechten Hand, den Schild in der Linken und die Fahnen an seinem Helm, die im Wind flattern.

Das Ende der Jugend

Bouvines

DIE SCHLACHT
Am 27. Juli 1214 wird die Ebene von Bouvines bei Lille in Nordfrankreich von zwei feindlichen Armeen eingenommen, die sich gegenüberstehen: Zur Linken der König von Frankreich, umgeben von seinen Baronen; rechts, hinter der Burg, die Verbündeten von Johann Ohneland, die den Kampf beginnen. (Miniatur aus den Grandes Chroniques de France, 14. Jh., Manuskript aus der Französischen Nationalbibliothek, Paris.)

Sechs Kinder hatte Béatrice, die Gattin von Arnoul, bereits in der Kammer der Burg von Ardres zur Welt gebracht. Darunter war bislang ein einziger Junge; er war Baudoin genannt worden wie sein Großvater. Man hatte ihn lange ersehnt. Er war jetzt acht Jahre alt. In Guînes würden noch drei weitere Söhne geboren werden. Die Zukunft der Dynastie war gesichert.

Arnoul näherte sich seinem fünfzigsten Lebensjahr. Heute fühlt sich ein Mann in diesem Alter noch jung. Aber die Ritter zu jener Zeit alterten schneller: Sie tranken zu viel, sie aßen zu reichlich. Arnoul war bereits ein wenig eingerostet, aber immer noch bereit, jederzeit mit den andern, die Lanze in der Faust, auf seinem galoppierenden Streitross zum Angriff zu reiten. Als Graf von Guînes ritt Arnoul jetzt unter dem Lilienbanner gegen die Feinde des Königs von Frankreich. Einer von ihnen, Renaud de Dammartin, war auch sein per-

130

Die Schlacht

IM DIENSTE DES KÖNIGS
Im Lauf der Schlacht wird Philipp August, der König von Frankreich, von seinen Feinden bedrängt. Sofort begeben sich die ihn begleitenden Ritter dicht an seine Seite, um ihn zu schützen. (Les Grandes Chroniques de France, Manuskript aus dem 14. Jh.)

sönlicher Feind, seitdem er 1188 die Erbin des Grafen von Boulogne entführt hatte, die Arnoul gerade heiraten wollte. Im Frühjahr 1214 stürzten sich besagter Renaud und Ferrand, der neue Graf von Flandern, mit Ritter- und Söldnertruppen auf die Grafschaft von Guînes, um sie zu plündern. Arnoul schloss sich daraufhin der Armee von Philipp August an, der Flandern verwüstete.

Die Schlacht

Am 27. Juli befand sich Arnoul daher zur Mittagsstunde vor der Ebene von Bouvines, auf der die Bauern das Getreide ernteten. Die gesamte Truppe saß unter Bäumen im Schatten und aß in Ruhe zu Mittag. Man wusste, dass eine an Zahl überlegene Streitmacht von Rittern, die von Renaud, von Ferrand

131

Das Ende der Jugend

DER ZUG DES
GEFANGENEN
*Der gefangene Ferrand,
der nach der Schlacht
von Bouvines nach
Paris gebracht wird,
muss hämische Rufe
und Spott über sich
ergehen lassen.
Der Sieg von Philipp
August, des Lehns-
herrn von Arnoul,
ist vollkommen.*

und dem König von Deutschland, Kaiser Otto IV., befehligt wurde, im Anmarsch war. Aber es war Sonntag, der Tag des Herrn, und es war verboten, an diesem Tag Blut zu vergießen. Plötzlich ging die Nachricht um, der Feind beginne trotzdem mit dem Angriff und Philipp August nehme den Kampf an. Bruder Guérin, ein Mönchsritter vom Hospitaliterorden und ein vorzüglicher Kenner des Kriegshandwerks, versammelte die Ritter und reihte sie entlang einer Linie auf. Den Mittelpunkt bildete die starke Schar der treuesten Gefährten des Königs, die sich unter der »Oriflamme«, der Kriegsfahne des französischen Königs, versammelten. Es herrschte Stille, und von dem ihm zugeteilten Platz aus hörte Arnoul die Rede von Philipp August. Im Angesicht der Armee des Teufels, die aus Eidbrüchigen, Häretikern und vom Geld verdorbenen Söldnern bestand, rief der König, seines Rechtes sicher und im Vertrauen auf den Schutz des heiligen Denis, des Schutzpatrons des Königreichs, die versammelten Ritter auf, ihn zu

unterstützen. Bald komme es zur Schlacht, die ein außerge-
wöhnliches Ereignis darstellen werde: zwei Könige, der König
von Frankreich und der König von Deutschland, die sich wie
zwei Turnierkämpfer auf dem Turnierplatz dem Urteil Gottes
unterwarfen. Als Philipp geendet hatte, gaben alle Reiter, wie
zu Beginn eines prächtigen Turniers, ihren Pferden die Sporen
und stürmten los. Einige Zeit später vernahm Arnoul mitten
im Kampfgetümmel zu seiner Linken, von dort, wo die königliche Fahne wehte, laute Schreie. Am Abend erfuhr er, dass
Philipp August, der von Söldnern des gegnerischen Lagers ergriffen und von seinem Pferd geworfen worden war, beinahe
gefangen genommen oder getötet worden wäre. Mit eigenen
Augen sah er einige Ritter aus dem ungeordneten Getümmel
herauskommen; er erkannte Guillaume des Barres, der aus
der Gruppe der alten Freunde des Königs von Frankreich her-
vorstürzte und auf seinem Weg in Richtung des feindlichen
deutschen Königs alles niederstieß. Dieser aber entwischte
ihm und floh, und damit geriet in seinem Lager, im Lager des
Grafen von Flandern sowie seiner Verbündeten, den Gegnern
von Philipp August, alles in Auflösung.

Die Freude über den Sieg

Müde ließ Arnoul die Krieger, die unter seinem Banner versammelt waren – die Ritter von Guînes, Ardres und Bourbourg – die Flüchtenden verfolgen, um zu versuchen, einige
gefangen zu nehmen. Aus der Ferne sah er Renaud de Dammartin, der allein Widerstand leistete und sich von Zeit zu Zeit
hinter den Schutzwall begab, den seine Söldner bildeten, um
dort Atem zu schöpfen, bevor er sich immer wieder in den
Kampf stürzte.
Ganz gegen seinen Willen bewunderte Arnoul diesen herrli-
chen Ritter, seinen schlimmsten Feind. Er freute sich jedoch,
als er sah, wie Renaud schließlich gefangen genommen wurde. Er applaudierte dem Massaker der Söldner. Der Abend

brach herein. Die ermatteten Krieger löschten ihren gewaltigen Durst. Auf dem Schlachtfeld ruhten die Toten. Alle oder fast alle waren Söldner. Auf der Seite des Königs von Frankreich hatten nur drei Ritter das Leben verloren, und das durch Zufall.

Unter den dreihundert gefangen genommenen Rittern entdeckte Arnoul Renaud und Ferrand, die in Ketten lagen und auf einem Karren nach Paris gebracht wurden. Der strahlende Sieg erfüllte ihn mit Freude. Er erhielt seinen Anteil an der Beute, den er mit seinen Waffengefährten teilte. Dieser Sieg verlieh seinem Herrn aber noch mehr Macht. Unter der Befehlsgewalt des Königs von Frankreich hatte die Grafschaft von Guînes von nun an keinerlei Gewicht mehr. Ein Dreivierteljahrhundert später verkaufte Baudoin, der Enkel von Arnoul, sie schließlich an Philipp den Schönen, den Enkel des heiligen Ludwig, der wiederum ein Enkel von Philipp August war.

Die Hinwendung zu Gott

Arnoul lebte noch sechs Jahre. An den Abenden ließ er sich die Bücher vorlesen, die sein Vater in seiner Kammer gesammelt hatte. Er machte sich Gedanken über sein Seelenheil. Wie viele Ritter in Nordfrankreich zog er – vielleicht um seine Sünden zu büßen – als Pilger zur gerade fertig gestellten Kathedrale Notre-Dame von Chartres, um dort vor dem Mantel der Jungfrau zu beten.

Allerdings begannen die Ritter um 1220 zu verstehen, dass einfache Handlungen wie eine Pilgerfahrt ebenso wenig ausreichten, das Paradies zu erlangen, wie die Gebete anderer, und dass man sich bemühen musste, nach den Geboten der Bibel zu leben. Die Priester seines Hauses forderten ihren Herrn Arnoul auf, mindestens einmal im Jahr zu Ostern die Kommunion zu empfangen, davor zu beichten und sein Gewissen zu prüfen, inwieweit er sich von der Lehre Jesu entfernt hatte. Vielleicht hatte ein Reisender, der aus Italien zurückkam, dem Grafen von Guînes von Franz von Assisi erzählt, jenem seltsamen Mann, der zunächst ein begeisterter Anhänger der ritterlichen Ideale gewesen war, bevor er all seinen Besitz hingegeben und sich nackt vor seinen überreichen Vater gestellt hatte. In einfaches Sackleinen gekleidet, war

DIE FUSSWASCHUNG
Nach dem Vorbild Jesu, der die Füße seiner Jünger wusch, sieht man hier den heiligen Ludwig, wie er die Füße der Ärmsten seines Königreichs in ein Wasserbecken taucht. Diese Miniatur, die den Dienst an den Armen symbolisiert, zeigt den Willen der Ritter zu Beginn des 13. Jahrhunderts, sich den christlichen Werten anzunähern. (Les Grandes Chroniques de France, *Manuskript aus dem 14. Jh.*)

er in Begleitung einiger Gefährten weggegangen, um wie Christus mit den Ärmsten und den Aussätzigen zusammenzuleben.

Bereits die Vorfahren von Arnoul hatten siebzig Jahre zuvor Asyle für die Aussätzigen gegründet, und im Jahr 1167 hatte sein Großvater väterlicherseits darum gebeten, nicht in der Abtei von Andres, sondern in der Kapelle eines Hospitals begraben zu werden, das für kranke Pilger und für die Bedürf-

Das Ende der Jugend

tigen errichtet worden war. Vielleicht war auch Arnoul von diesen neuen Formen der Frömmigkeit berührt. Ich kann es vermuten, aber ich kann es nicht mit Sicherheit belegen, denn, wie ich dir bereits gesagt habe: Wir können nicht alles aus dem Leben der Ritter erfahren.

Die Zeit der Weisheit

Einer Sache bin ich jedenfalls sicher: Im Jahr 1220 wurde das Rittertum sehr stark von den Werten des Christentums, und zwar eines erneuerten Christentums, einer Religion der Barmherzigkeit und der Liebe, geprägt. Dreißig Jahre war es jetzt bereits her, dass Philipp, der Graf von Flandern, bei dem größten Dichter der Zeit, Chrétien de Troyes, ein Werk in Auftrag gegeben hatte, dessen Held Parzival, ein fahrender Ritter, sich nicht auf die Suche nach der Liebe einer Dame macht wie Lancelot, sondern auf die Suche nach einem geheimnisvollen Behältnis, dem Heiligen Gral, in dem die letzten Tropfen des Blutes Christi am Kreuz aufgefangen wurden.

Parzival beweist im Lauf seiner Suche wachsende Tapferkeit – weniger aber durch kriegerische Großtaten als durch Entsagung und die Reinheit seines Herzens. Im Jahr 1220, als Arnouls Leben sich dem Ende zuneigte, wurde der gute Ritter nicht mehr nur wegen seines Mutes, wegen der Kraft seiner Arme, wegen seiner Geschicklichkeit im Turnier, seiner Treue gegenüber seinem Herrn und seinen Kampfgefährten oder seiner Höflichkeit den Damen gegenüber gepriesen. Von ihm wurde vor allem erwartet, dass er Jesus Christus treu sein sollte, dem Herrn, dem er an erster Stelle dienen sollte. Weiter sollte er sein Leben für Frieden und

EIN ÜBERALL PRÄSENTER GLAUBE Der Wille, Liebe und Barmherzigkeit vor jede andere Verpflichtung zu stellen, beherrscht jetzt die gesamte Ritterschaft. (Ausschnitt aus der Abb. auf S. 132.)

Die Zeit der Weisheit

Gerechtigkeit hingeben und sein Schwert dafür einsetzen, den Schwächsten zu helfen.

Im Rittertum verwirklichte sich das Gleichgewicht zwischen Tapferkeit, Weisheit und Hingabe an die Unterdrückten. Dieses Ideal männlicher Vervollkommnung sollte bald von Ludwig von Frankreich, dem künftigen heiligen Ludwig, verkörpert werden, der zu diesem Zeitpunkt sechs Jahre alt war und der in seinem Handeln von der Erinnerung an seinen Großvater Philipp August und von den Predigten der Schüler des heiligen Franz von Assisi geleitet wurde.

Chronologie

Jahr	Politik	Religion	Alltag, Gesellschaft	Kunst, Literatur, Kultur
987	Mit Hugo Capet beginnt in Frankreich die Dynastie der Kapetinger			
10. Jh.		Immer mehr Christen aus dem Abendland unternehmen Pilgerreisen ins Heilige Land		
um 1025				Im Kloster Tegernsee entsteht die sagenhafte Rittergeschichte *Ruodlieb*
erste Hälfte d. 11. Jhs.	»Gottesfriedensbewegung«: Auf Betreiben der Kirche werden u.a. Adelsfehden auf bestimmte Wochentage beschränkt			
um 1050			Im Römisch-Deutschen Reich bilden sich Bräuche für die Erziehung zum Ritterstand heraus: Die Jungen werden mit sieben Jahren Edelknaben, mit 14 Jahren Knappen, im Alter von 21 Jahren erhalten sie den Ritterschlag (Schwertleite).	
1066	Schlacht bei Hastings: Unter Führung von Wilhelm dem Eroberer Abschluss der normannischen Eroberung Englands			
um 1080				Der *Teppich von Bayeux* schildert die normannische Eroberung Englands (Auftragsarbeit von Königin Mathilde, der Frau von Wilhelm dem Eroberer)

Chronologie

Jahr	Politik	Religion	Alltag, Gesellschaft	Kunst, Literatur, Kultur
1095	Papst Urban II. ruft in Clermont zum Kreuzzug auf			
1096–1099	Erster Kreuzzug Das Kreuzfahrerheer richtet unterwegs in mehreren deutschen Städten Massaker unter der jüdischen Bevölkerung an			
1098		Robert de Molesme gründet in Cîteaux den Zisterzienserorden		
1099	Blutige Eroberung von Jerusalem, Massaker an 70 000 Juden und Muslimen; Gründung des christlichen Königreichs Jerusalem			
ab dem 11. Jh.			Verstärktes Bevölkerungswachstum in Europa; zahlreiche Dorf- und Stadtgründungen. Beginn des europäischen Fernhandels	
Ende des 11. Jhs			Beginn der Ritterturniere in Frankreich, Entstehung der ritterlich-höfischen Kultur (zunächst in Frankreich)	
um 1100				Entstehung des altfranzösischen _Rolandsliedes_, das den Kampf des Roland, eines Getreuen von Karl dem Großen, gegen die Heiden schildert
1100–1135	Regierungszeit Heinrichs I. von England (*1068)			

139

Chronologie

Jahr	Politik	Religion	Alltag, Gesellschaft	Kunst, Literatur, Kultur
ab 1115		Das von Bernhard von Clairvaux gegründete Kloster in Clairvaux wird zum Zentrum des Zisterzienserordens		
1119	Gründung des Templerordens zum Schutz der Jerusalempilger			
1127			Vor Würzburg findet das erste Ritterturnier in Deutschland statt	
1131–1151	Gottfried Planta-genet (*1113), Graf von Anjou			
1137–1180	Regierungszeit des französischen Königs Ludwig VII. (*1120)			
1146	Bernhard von Clairvaux ruft erst in Vézelay, dann in Speyer zum zweiten Kreuzzug auf			
1147–1149	Zweiter Kreuzzug			
um 1150				In Frankreich entsteht die höfische Lyrik
1152–1190	Friedrich I. Barba-rossa (*1122) Kaiser des Römisch-Deutschen Reichs			
1154–1189	Regierungszeit von Heinrich II. Planta-genet von England (*1133), Herrscher über die Normandie, Anjou und – durch Heirat mit Eleonore von Aquitanien – Aquitanien			

Chronologie

Jahr	Politik	Religion	Alltag, Gesellschaft	Kunst, Literatur, Kultur
1170	Thomas Becket (*1118), Erzbischof von Canterbury, wird ermordet			Konrad der Pfaffe schafft im Auftrag Heinrichs des Löwen das _Rolandslied_, eine Adaption des gleichnamigen altfranzösischen Heldenepos
1180–1223	Regierungszeit des französischen Königs Philipp August (*1165)			
1185				Der Minnesänger Hartmann von Aue schreibt sein episches Werk _Erek_ in Anlehnung an den Artus-Stoff
1187	Rückeroberung von Jerusalem durch muslimische Truppen unter Sultan Saladin			
1188–1192	Dritter Kreuzzug		Im Königreich Frankreich werden die Turniere verboten	
1189	Einführung des »Saladinszehnten« zur Kreuzzugsfinanzierung			
1189–1199	Regierungszeit von Richard I. Löwenherz (*1157), König von England			
1190				Der bretonische Dichter Bérol schreibt den Versroman _Tristan und Isolde_
1199–1216	Johann Ohneland (*1167) engl. König, Nachfolger von Richard Löwenherz			

Chronologie

Jahr	Politik	Religion	Alltag, Gesellschaft	Kunst, Literatur, Kultur
im 12. Jh.			Verbreitung von Söldnerheeren. Ausdehnung des Feudalsystems	Von Nordfrankreich aus verbreitet sich die erzählende Ritterdichtung (im 13. Jh. auch in Deutschland)
2. Hälfte des 12. Jhs.		Zunehmende Bedeutung des Zisterzienserordens	Die bislang meistens aus Holz und Lehm errichteten Burgen werden immer häufiger durch Steinbauten ersetzt; zahlreiche Neuerungen im Befestigungsbau und Belagerungswesen. Der Geldumlauf verbreitet sich zunehmend	Entstehung des Minnesangs in Deutschland, bedeutendster Dichter: Walther von der Vogelweide. In Frankreich Wirkungszeit von Chrétien de Troyes, Verfasser der Versromane *Erec et Enide*, *Yvain*, *Lancelot* und *Perceval* (um 1190, im Auftrag des Grafen von Flandern), in deren Mittelpunkt die Ritter am Hof des sagenhaften König Artus stehen
		Bischöfe und Päpste erlassen mehrfach Turnierverbote, zunächst jedoch erfolglos		
um 1200				Niederschrift des mittelhochdeutschen *Nibelungenliedes*. Lambert von Ardres schreibt die Geschichte der Vorfahren von Arnoul de Guînes
1202–1204	Vierter Kreuzzug			
um 1203				Hartmann von Aue schreibt das höfische Epos *Iwein*
1204	Philipp August nimmt die Festung Château-Gaillard ein und erobert die Normandie			
1209		Anfänge des Franziskanerordens unter Franz von Assisi		

Chronologie

Jahr	Politik	Religion	Alltag, Gesellschaft	Kunst, Literatur, Kultur
um 1210				Wolfram von Eschenbach schreibt das mittelhochdeutsche Epos _Parzival_ nach französischem Vorbild
1212	Aus Frankreich und dem Römisch-Deutschen Reich ziehen tausende von Jungen und Mädchen zum »Kinderkreuzug« nach Italien oder Marseille. Sie kommen um oder werden versklavt			
1214	Schlacht von Bouvines. Philipp August schlägt Johann Ohneland und Kaiser Otto IV., damit bleibt u.a. die Normandie in französischem Besitz			
1226–1270	Ludwig IX., der Heilige (*1214), König von Frankreich			
1235			Das Pfingstfest Kaiser Friedrichs II. in Mainz, das in Verbindung mit dem Reichstag veranstaltet wird, gilt mit seinen Turnieren und seiner Prachtentfaltung als Höhepunkt ritterlicher Feste	

143

Register

Alfons der Weise 60
Ardres 6, 9f., 12, 14, 19–21, 31,
   42, 109f., 113
Armbrust 116f.
Arnoul de Guînes 6, 8f., 12–14,
   21f., 35, 55, 57f., 64–67, 70f.,
   74, 84–86,
90f., 101, 103–107, 109f., 119,
   122–125, 127, 129–136, 142
Artus 47, 141f.

Baibar I. 100
Balliste 114
Baudoin de Guînes 14, 16–18,
   20–22, 28, 35, 46, 52f., 65f.,
   70f., 74, 90,
104f., 108, 110, 113, 119, 126–129
Becket, Thomas 14, 141
Begräbnis 128
Bergfried 9–11, 112, 114f.
Bernhard von Clairvaux 140
Bérol 141
Bertrand de Born 78f.
Besonnenheit 60
Bleide 96, 114
Bouvines 111, 130–134, 143
Bücher 52–54
Burg
Bau und Anlage 9–14, 100f.,
   112f., 115, 125, 142
Eroberung 76f., 115

Château-Gaillard 115, 119, 142
Chlodwig I. 46
Chrétien de Troyes 48, 72, 136,
   142

Dame 25f.
Denier 61, 110, 120, 122

Eleonore von Aquitanien 68, 129,
   140
Enjeuger d'Anjou 82f.
Erbfolge 127
Erziehung
der Jungen 28–30, 32–44, 52–63
der Mädchen 25f.

fahrende Sänger 55
Falkner 40
Familienname 21f.
Felonie 57
Ferrand 131f., 134
Feudalismus 19–21, 35, 127, 142
Flandern 19f., 109, 131
Franz von Assisi 135, 137, 142
Franziskaner 142
Freigebigkeit 61, 107–109, 122
Friedrich I. Barbarossa 90, 140
Friedrich II. 143

Ganelon 58
Gastfreundschaft 72f., 107–109
Gastmahl 106–109
Geld 61f., 88, 97f., 109f., 122,
   124f., 127, 142
Glaube 30f., 94, 134–136
Gottesurteil 81–83
Guillaume de Machaut 62
Guillaume le Maréchal 23, 29, 36,
   56, 60, 64, 84, 87, 89, 100, 103,
   112
Guînes 19, 28, 31, 67, 113

Halsschlag 67f.

Hartmann von Aue 141f.

Hastings 138

Heinrich I. 68, 139

Heinrich II. 68, 84, 103, 112, 129, 140

Heinrich V. 68

Heinrich der Löwe 141

Heirat 27f., 102–105, 127

Hellebarden 117, 119

Helm 51, 113

höfische Liebe 62f., 103

Höflichkeit 61–63

Hospitaliter 99f.

Hugo Capet 138

Ingenieur 113

Iwein 63

Jagd 24, 38–41

Jean de Marmoutier 68, 82

Jerusalem 90, 92, 94–96, 112, 139–141

Johann Ohneland 115, 118, 130, 141, 143

Juden 30, 95, 139

Kampf 48–51, 75–87, 117

Kanoniker 31

Karl der Große 35, 46, 59, 93, 139

Kemenate 25

Kettenhemd 50

Kinderkreuzzug 143

Kirche 46, 66f., 80, 90, 116f., 138, 142

Kloster 28, 31–33

Konrad der Pfaffe 141

Kreuzfahrerschiffe 97–99

Kreuzzüge 90–101, 139–143

Krieg 75–79, 111–125, 130–134

Lambert von Ardres 6, 8, 13f., 23, 32, 52, 104, 108, 110, 142

Lancelot 48f., 63, 72f., 136

Lanze 47–50

Lehen 16f.

Lehnsherr 14–17, 32, 34–36

Lesen 26, 28–30, 32, 34, 52–55

Lösegeld 62, 87, 124

Ludwig VII. 20, 93, 110, 140

Ludwig IX. (der Heilige) 8, 137, 143

Maut 18, 110

Minnesang 142

Mönche 28f., 32f.

Motte (Burghügel) 10

Muslime 46, 92, 95f., 100, 139, 141

Olifant 58

Olivier 46, 60, 71, 74

Oriflamme 132

Otto IV. 132, 143

Palas 11f.

Parzival 136

Peter der Eremit 92

Pferde 42–45, 50, 89

Philipp August 5, 21, 41, 56, 60, 90, 113, 115, 118, 122, 124–126, 131–134, 137, 141–143

Pilger 94, 98, 138, 140

Plantagenet, Gottfried 39, 68f., 140

Renaud 46

Renaud de Dammartin 130f., 133

Richard I. Löwenherz 39, 68, 90, 112, 115, 118, 120, 124, 141

Rittertugenden 56–63

Robert de Molesme 139

Register

Roland 35, 47, 58–60, 71, 74, 93, 139
Rottmeister 116, 119
Rüstung 50f., 112

Saladin 90, 141
Saladinszehnt 90f., 141
Sarazenen 93, 97
Schild 41, 51
Schildknappe 41f., 44f., 48–51, 60, 63, 107, 109, 120, 123, 138
Schmied 42, 87
Schreiben 29, 34
Schule 29f.
Schwert 45–47
Schwertleite 64–71, 119f., 123, 138
Seneschall 107, 109
Siegel 90
Sold 124f.
Söldner 116–120, 142
Spiele 22f., 60
Strafe 17f.

Tancrède de Hauteville 96
Tapferkeit 56, 58
Templer 99f., 140
Teppich von Bayeux 10, 12, 15f., 26, 45, 47, 138

Textilarbeiten 26
Tjost 80f., 86
Treue 57f.
Treueid 16, 19f., 70
Tristan 63
Turnier 81, 84–90, 139–143

Unfreie 18
Urban II. 92, 94, 139

Vasall 16f., 19f., 35
Verlobung 26f.
Verwalter 17f.
Vorname 21f.

Waffen 45–50, 96, 113–117
Waffenweihe 65f.
Wald 37–39
Walther von der Vogelweide 142
Wappen 68, 129
Wilhelm der Eroberer 15, 38, 138
Wolfram von Eschenbach 143
Wurfmaschinen 96, 114

Zisterzienser 61, 139f., 142
Zweikampf 48f., 80–83

146

Bildnachweis

Bildnachweis

3 Bibliothek Marciana, Venedig / G. Dagli Orti;

6 Sélection Images; 8 National Bibliothek (NB), Paris / Sélection Images; 9 J. Morell / Kipa; 10 Musée de la Tapisserie, Bayeux / G. Dagli Orti; 11 British Library, London / Bridgeman- Giraudon; 12 Musée de la Tapisserie, Bayeux / G. Dagli Orti; 14 Giraudon; 16 Musée de la Tapisserie, Bayeux / G. Dagli Orti; 18 Bibliothek El Escorial, Spanien / G. Dagli Orti; 19 Zeichnung von Olivier-Marc Nadel; 20 Le Mans / Edimedia; 23 Bibliothek El Escorial, Spanien / G. Dagli Orti; 24 Einaudi; 25 G. Dagli Orti; 27 Cathédrale de Vannes / Sélection Images; 28 Stadtbibliothek Laon / G. Dagli Orti; 29 Sélection Images; 30 Cathédrale de Bourges / Roubier; 32 NB / Sélection Images; 33 Lescourret- Explorer; 34 NB; 35 Sélection Images; 37 NB / Giraudon; 38 British Library, London / Bridgeman- Giraudon; 39 D.R.; 40 Sélection Images; 42 Cathédrale de Vannes / Sélection Images; 44/45 Musée de la Tapisserie, Bayeux / G. Dagli Orti; 45 Musée de la Tapisserie, Bayeux / Giraudon; 46 NB; 47 Musée de la Tapisserie, Bayeux / G. Dagli Orti; 49 Universität Heidelberg / Held- Artephot; 53 NB / Artephot; 54 Sélection Images; 55 Bodleian Library, Oxford / Sélection Images; 56 Stadtbibliothek Dijon / Edimedia-Snark; 59 NB / Tallandier; 60 Bibliothek El Escorial, Spanien / G. Dagli Orti; 61 D.R.; 62/63 NB / Sélection Images;

64 Arsenal, Paris / Giraudon; 67 Arsenal, Paris / Giraudon; 69 Musée Tessé, Le Mans / Sélection Images; 70 NB / Sélection Images; 72/73 NB / Sélection Images; 74 Sélection Images; 75 Sélection Images; 76 Musée Atger, Montpellier / G. Dagli Dagli; 80/81 Bibliothek Marciana, Venedig / G. Dagli Orti; 83 Musée des Augustins, Toulouse / Giraudon; 84 NB / Edimedia; 85 NB / Edimedia; 86 Bodleian Library, Oxford / Sélection Images; 87 Sélection Images; 89 Stadtbibliothek Cambrai / Giraudon; 90 Sélection Images; 92 British Library, London / Bridgeman- Giraudon; 93 British Museum, London / Giraudon; 95 British Museum, London / Sélection Images; 96 NB / Sélection Images; 97 Musée civique, Modène / G. Dagli Orti; 98 NB / AKG Photo; 99 G. Dagli Orti; 101 G. Dagli Orti;

102 Stadtbibliothek Laon / G. Dagli Orti; 103 Universität Heidelberg / Held-Arteport; 104/105 Bodelain Library, Oxford / Sélection Images; 106 Abtei Monte Cassino / G. Dagli Orti; 107 Giraudon; 109 NB / Sélection Images; 110 (oben) Musée de la Monnaie, Paris / Sélection Images; 110 (unten) Abtei Monte Cassino / G. Dagli Orti; 111 Bibliothek El Escorial, Spanien / Edimedia; 112 G. Dagli Orti; 114: Sélection Images; 115 Sélection Images; 116 Sélection Images; 118/119 NB / H. Josse; 120 (oben) Musée de la Monnaie, Paris / Sélection Images; 120 (unten) National bibliothek, Wien / AKG Photo; 121 Arsenal, Paris / Giraudon; 122 Musée de la Monnaie, Paris / Sélection Images; 123 Cathédrale de Vannes / Sélection Images; 125 Sélection Images; 126 Sélection Images; 128 E. Revault / Pix; 129 Sélection Images; 130 NB / Hachette; 131 Stadtbibliothek Castres / G. Dagli Orti; 132 Stadtbibliothek Cambrai / G. Dagli Orti; 135 NB / Sélection Images; 136 Stadtbibliothek Cambrai / G. Dagli Orti.

Inhalt

AN DEN LESER 5

Arnoul, Graf von Guînes 6

DIE KINDERJAHRE DES RITTERS 8

Geburt 8

Die Burg 9 · Der Bergfried 10 · Der Wohnsitz des Burgherrn 11
Die Wohnräume 13 · Der Lehnsherr 14 · Der Teppich von Bayeux 15 · Die Vasallen 16 · Die Verwalter 17 · Die Unfreien 18
Das Feudalwesen 19 · Die Familie 21 · Die Wahl des Vorna-
mens 21 · Geschwister 22

Lehrzeit 25

Die Erziehung der Mädchen 25 · Spinnen und Sticken 26 · Die
Verlobung 26 · Ausbildung der Jungen 28 · Die Geistlichen 29
Himmel und Hölle 30 · Die Mönche 32 · Eine mündliche Kul-
tur 33 · Ritter werden · 34 Der zweite Vater 35 · Ein kräftiger
Körper, ein mutiger Geist 36 · Die Natur kennen lernen 38
Verloren in den großen Wäldern 39 · Die Erwachsenen nach-
ahmen 40 · Der Gebrauch der Waffen 41 · Das Pferd 42 · Die
Dressur des Streitrosses 43 · Das Schwert 45 · Die Lanze 47
Mit verhängten Zügeln 48 · Ein Zweikampf 48 · Rüstung und
Ausstattung 50

Die Erziehung des Geistes 52

Bücher 53 · Wort und Gedächtnis 54 · Rittertugenden 56
Treue 57 · Tapferkeit 58 · Der Tod Rolands 59 · Besonnenheit
und Maß 60 · Freigebigkeit und Höflichkeit 61

DAS ABENTEUER 64

Die Schwertleite 64

Die »Waffenweihe« 65 · Im Dienst Gottes 66 · Der »Halsschlag« 67 · Die Schwertleite von Gottfried Plantagenet 68

Die Aushändigung der Waffen 71 · Ein Freudenfest 71 · Die
Gastfreundschaft 72 · Gemeinsame Streifzüge 74

Die Freude am Kämpfen 75

Die Einnahme einer Burg 76 · Ständige Fehden 77 · Gefähr-
liches Fußvolk 77 · Winterliche Waffenruhe 78 · Kämpfen
ist eine Lust 78 · Immer auf Streit aus 79 · Das Duell als Schiedsgericht 80 · Das Turnier 81 · Das Gottesurteil 82 · Üben für die
Schlacht 84 · Im Getümmel 85 · Gewinner und Verlierer 87
Der Beruf des Turnierhelden 88 · Die Zurechtweisung 90

Der Kreuzzug 92

Eine heilbringende Reise 93 · Der heilige Krieg 94 · Die Vorbereitungen 97 · Die Überfahrt 97 · Templer und Hospitaliter 99
Der weiße Mantel 100

DAS ENDE DER JUGEND 102

Die Heirat 102

Die »Jagd auf die Verlobten« 103

Arnoul als Lehnsherr 106

Offenheit und Freundschaft 107 · Freigebigkeit und Gastfreundschaft 107 · Ein Bankett bei Baudoin 108 · Geld 110

Der neue Krieg 111

Befestigungsanlagen und Belagerungsmaschinen 112 · Die Zeit
der »Ingenieure« 113 · Château-Gaillard: Ein befestigtes Lager 115 · Eine schändliche Waffe 116 · Söldner 116 · Effizienz der
Söldner 117 · Die Unterwerfung der Ritterschaft 119 · Der Tod
von Richard Löwenherz 120 · Der wachsende Einfluss der
Großen 121 · Der Soldatenberuf 122 · In der Armee des
Grafen 123 · Der Sold 124

Der Tod des Vaters 126

Die Erbfolge 127 · Das Begräbnis 128 · Vom Vater auf den
Sohn 129

Inhalt

Bouvines 130

Die Schlacht 131 · Die Freude über den Sieg 133 · Die Hin-
wendung zu Gott 134 · Die Zeit der Weisheit 136

Chronologie 138

Register 144

Bildnachweis 147

Georges Duby, geboren 1919 in Paris, war Professor für mittelalterliche Geschichte in Besançon und Marseille. Er galt bis zu seinem Tod als einer der bedeutendsten Fachleute für Fragen des Mittelalters und machte sich zudem als historischer Schriftsteller international einen Namen. Fast sein gesamtes Werk wurde übersetzt und in Deutschland erfolgreich veröffentlicht, darunter u.a. »Guillaume de Maréchal oder der beste aller Ritter« und der Titel »Krieger und Bauern«, für den er in Frankreich mit dem Prix Gobert ausgezeichnet wurde. Duby starb 1996 in Paris. Das vorliegende Buch »Die Ritter« ist sein einziges für jüngere Leser und das erste im Hanser-Programm.

In gleicher Ausstattung erschienen ist:

Christian Jacq
Die Pharaonen
168 Seiten
ISBN 3-446-19451-7

Große Pyramiden und geheimnisvolle Grabkammern, riesige Tempelanlagen und Kolossalstatuen, so präsentiert sich das Tal der Könige in Ägypten. Drei Jahrtausende lang regierten hier die Pharaonen, die so mächtig waren, dass sie wie Götter verehrt wurden.

Christian Jacq, der französische Ägyptologe und Romanautor, hat eine anschauliche Einfürung in die großartige ägyptische Geschichte und Kultur geschrieben. Ein verständlich und großzügig gestaltetes Buch mit vielen farbigen Abbildungen, nützlichen Karten und einer Zeittafel sämtlicher Pharaonen.

»Gern folgt man diesem leichten Hin und Her, das nur so strotzt vor reichem, fein ausgelotetem und sinnvoll sortiertem Fachwissen. Nie fühlt man sich angestrengt oder überfordert. Ein Teil dieses Lobs geht an die textgenauen Illustrationen, die perfekte Ergänzungsarbeit zum Gesagten leistet.«
Süddeutsche Zeitung

»Dem Autor gelingt es, die längst vergangenen Dinge lebendig darzustellen. Endlich mal ein Geschichtsbuch, in dem man schön schmökern kann.«
Neue Westfälische